2021 中国柔性版印刷发展报告

主　编：陈　斌
副主编：杨爱玲　乔俊伟　罗尧成
主　审：周建宝

DEVELOPMENT REPORT OF
CHINA FLEXOGRAPHIC PRINTING
2021

文化发展出版社
Cultural Development Press

图书在版编目（CIP）数据

2021中国柔性版印刷发展报告 / 陈斌主编. — 北京：文化发展出版社，2021.7

ISBN 978-7-5142-3555-5

Ⅰ．①2… Ⅱ．①陈… Ⅲ．①苯胺印刷－印刷工业－工业发展－研究报告－中国－2021 Ⅳ．①F426.84

中国版本图书馆CIP数据核字(2021)第150497号

2021中国柔性版印刷发展报告

主　　编：陈　斌
副 主 编：杨爱玲　乔俊伟　罗尧成
主　　审：周建宝

出 版 人：	武　赫
责任编辑：	李　毅　朱　言　　　责任校对：岳智勇
责任印制：	杨　骏　　　　　　　　责任设计：侯　铮
出版发行：	文化发展出版社（北京市翠微路2号 邮编：100036）
网　　址：	www.WenhuaFazhan.com
经　　销：	各地新华书店
印　　刷：	北京印匠彩色印刷有限公司

开　　本：710mm×1000mm　1/16
字　　数：179千字
印　　张：12.5
版　　次：2021年9月第1版
印　　次：2021年9月第1次印刷
定　　价：128.00元
ＩＳＢＮ：978-7-5142-3555-5

◆ 如发现任何质量问题请与我社发行部联系。发行部电话：010-88275710

编委会

编撰指导委员会
钱　俊　周建宝　顾春华　郑其红　蔡志荣　孙　勇

主　编
陈　斌

副主编
杨爱玲　乔俊伟　罗尧成

成　员
（按姓氏笔画排序）
王　洋　王晓红　孔玲君　田全慧　白春燕　肖　颖　尚玉梅
金　琳　孟　玫　施建屏　姚　毅　顾　萍　曹　前　蔡成基

主　审
周建宝

完成单位

上海出版印刷高等专科学校
国家新闻出版署"智能与绿色柔版印刷"重点实验室

指导委员会

钱　俊　"智能与绿色柔版印刷"重点实验室学术委员会主任、武汉大学教授
周建宝　中国印刷技术协会柔性版印刷分会理事长
顾春华　上海出版印刷高等专科学校党委书记、教授
郑其红　富林特集团柔印事业部总经理
蔡志荣　上海界龙实业集团股份有限公司副总工程师
孙　勇　嘉升制版（上海）有限公司总经理

编撰委员会

陈　斌　上海出版印刷高等专科学校校长、教授
杨爱玲　上海出版印刷高等专科学校副校长、教授
乔俊伟　智能与绿色柔版印刷重点实验室执行副主任、教授级高工
罗尧成　上海出版印刷高等专科学校科研处处长、教授
王　洋　*CI FELXOTECH* 杂志主编、高工
王晓红　上海理工大学教授
孔玲君　上海出版印刷高等专科学校教务处副处长、教授
田全慧　上海出版印刷高等专科学校信息与智能工程系副教授
白春燕　上海出版印刷高等专科学校印刷包装工程系博士
肖　颖　上海出版印刷高等专科学校印刷包装工程系副主任、副教授
尚玉梅　中国日用化工协会油墨分会秘书长、高工
金　琳　上海出版印刷高等专科学校印刷包装工程系讲师
孟　玫　上海印刷技术研究所《印刷杂志》主编、副编审
施建屏　中国印刷技术协会柔性版印刷分会秘书长、高工
姚　毅　中国印刷及设备器材工业协会标签印刷分会理事长
顾　萍　上海出版印刷高等专科学校印刷包装工程系主任、高工
曹　前　上海出版印刷高等专科学校印刷包装工程系博士
蔡成基　中国印刷技术协会柔性版印刷分会顾问

主　审

周建宝　中国印刷技术协会柔性版印刷分会理事长

目 录

第一部分　主报告　001

中国柔性版印刷发展报告　003

第二部分　行业产业报告篇　045

2016—2020 年中国柔性版印刷机市场销售情况调查报告　047

2021 年中国柔印油墨产业发展报告　062

柔性版印刷在标签领域的应用和发展报告　072

第三部分　标准解读与技术发展篇　083

2020 年起发布或实施的相关印刷及环保类标准索引　085

《柔性版制版过程控制要求及检测方法》标准解读　087

《柔性版印刷紫外光固化油墨使用要求及检验方法》标准解读　093

基于多源网络信息的绿色印刷产业发展趋势研究　103

国内外柔性版印刷技术发展态势分析——基于 2001—2020 年中外文数据库的文献计量　117

MnO_x 改性的斜发沸石及其在油墨废水净化中的应用　131

基于 SLA 3D 打印技术的柔性版制版可行性研究　140

柔性版印刷机印刷压力与合压量关系研究　146

第四部分　行业典型案例篇　　155

柔印为医用防护服和医疗器械包装提供安全保障　　157

柔印在快消品瓦楞纸箱包装行业中发挥巨大优势　　163

胶柔组合印刷，助力标签企业做大做强　　169

技术与环保并重，助力柔性版印刷高质量发展　　173

智能柔印　助力行业转型升级　　178

美国 Hub 标签公司：敢为天下先　　186

第一部分
主报告

随着国家有关部门一系列环保政策和法律法规的出台,我国柔性版印刷行业迎来了重大发展机遇。尽管受到新冠肺炎疫情的影响,行业经受了冲击和挑战,但仍然保持了不错的发展势头。

主报告重点对我国柔性版印刷企业、制版企业、版材生产企业和设备/油墨/辅料企业进行调研,以2021年开展的最新行业调查为基础,结合近三年的数据进行综合分析,对行业发展现状、存在的问题与机会、未来发展趋势等进行深入分析,得出一些基本结论,并给出建议,对促进我国柔性版印刷业持续健康快速发展具有重要意义。

由于编者能力与水平有限,报告中存在不足之处,敬请读者批评指正。

中国柔性版印刷发展报告

上海出版印刷高等专科学校

国家新闻出版署"智能与绿色柔版印刷"重点实验室

2020年以来,在疫情冲击和国内外政治经济环境急剧变化的背景下,国内经济和印刷企业的生产经营面临很大压力,具有制造业、服务业和信息业等多重属性的印刷产业与其他产业一样,也经历了阶段性的严重冲击。

2019年,国家降低了城镇职工基本养老保险单位缴费比例等社保费率。在此政策基础上,为应对2020年暴发的新冠病毒肺炎疫情冲击,国家又连续发布了7批共28项减税降费措施。这些有力举措,有效服务了"六稳""六保"大局,使包括柔性版印刷企业在内的广大印刷企业在严峻的冲击面前保持了基本稳定。同时,得益于国家近年来各项环保法律、法规和标准的出台,以及各级政府对绿色印刷在产业政策、财税政策和专项资金扶持力度的不断加大,我国印刷行业正加速向绿色化方向发展,包装印刷业仍然是推动行业发展的主要动力来源,尤其是绿色环保的柔性版印刷业在"抗疫"中发挥了重要作用,依然保持了良好的增长势头。柔性版印刷迎来了重大发展机遇,并将继续保持快速增长趋势。

本报告以2021年4—5月开展的最新行业调查获得的数据为基础,主要对我国柔性版印刷行业2020年度的发展现状进行分析,并结合近三年的调查数据进行综合分析,在此基础上对其未来发展趋势等做出预测。

一、柔性版印刷行业发展状况

（一）调查样本概况

本次调查由上海出版印刷高等专科学校国家新闻出版署"智能与绿色柔版印刷"重点实验室牵头实施，得到中国印刷技术协会柔性版印刷分会、中国印刷及设备器材工业协会标签印刷分会、部分行业媒体和广大企业的大力支持和积极参与。调查问卷通过网络发放，链接访问次数共计 1982 次，共回收问卷 313 份，问卷回收率 15.79%，其中有效问卷 281 份，比 2020 年增长了 56.98%。其中，2020 年参与调研的企业中有 124 家参与了本次调查，占 2020 年调查样本的 69.27%。

关于调查样本的地域分布，上海占比最高，为 26.69%；广东次之，为 21.35%；占比较高的省（直辖市）还有浙江 10.32%、江苏 8.18%、山东 7.12%、福建 4.27%、北京 3.91%、四川 3.20%、河北 2.85%、河南 2.85% 等。总体分布状况如表 1 所示。

表 1　调查样本企业的地域分布情况

省（自治区、直辖市）	数量/家	分布占比
上海	75	26.69%
广东	60	21.35%
浙江	29	10.32%
江苏	23	8.18%
山东	20	7.12%
福建	12	4.27%
北京	11	3.91%
四川	9	3.20%
河北	8	2.85%
河南	8	2.85%
湖北	5	1.78%
辽宁	4	1.42%

续表

省（自治区、直辖市）	数量/家	分布占比
陕西	4	1.42%
天津	3	1.07%
安徽	2	0.71%
江西	2	0.71%
重庆	2	0.71%
山西	1	0.36%
内蒙古	1	0.36%
湖南	1	0.36%
广西	1	0.36%
合计	281	100%

按印刷产业带划分可知，长三角产业带（上海、浙江、江苏、安徽）占比45.90%、珠三角产业带（广东）占比21.35%，环渤海产业带（北京、天津、河北、山东、辽宁）占比16.37%，其他地区占比16.38%，如图1所示。其他地区中占比超过1%的省份分别是：福建4.27%、四川3.20%、河南2.85%、湖北1.78%、陕西1.42%。

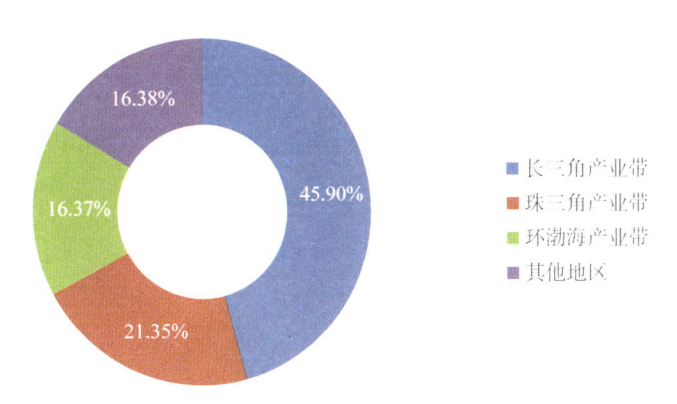

图1 调查样本的区域分布情况

按调研企业的企业所有制区分，民营企业占比最高，约为71.17%，外商独资企业占比次之，约为10.68%，上市公司和国有企业分别约为6.41%和4.27%，港、澳、台资企业和中外合资企业占比分别约为 4.27% 和 3.20%，如表 2 所示。

表 2 调查样本企业的所有制类型分布情况

企业所有制	数量/家	百分比
民营企业	200	71.17%
国有企业	12	4.27%
上市公司	18	6.41%
中外合资企业	9	3.20%
港、澳、台资企业	12	4.27%
外商独资企业	30	10.68%
合计	281	100%

按调研企业的主要业务类型区分，柔性版印刷企业占比约为 53.38%，柔性版制版企业约为 13.52%，柔性版版材生产/销售企业约为 5.70%，设备、油墨、网纹辊、辅料及其他相关业务企业约为 27.40%，如图 2 所示。其中，本年度调研的柔性版印刷企业数量比上年度增加 86 家，增幅为 134.38%。

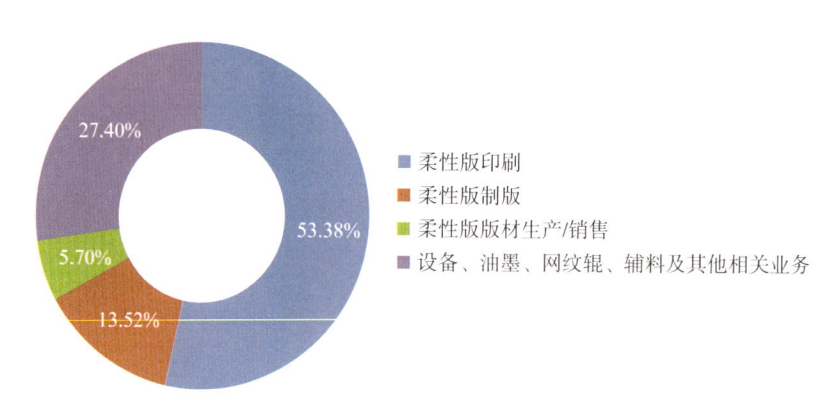

图 2 样本企业中业务类型分布情况

下面分别对柔性版印刷企业、柔性版制版企业，以及设备、油墨、辅料及其他相关企业的发展状况等进行深入分析。

（二）柔性版印刷企业的发展状况

1. 基本情况

民营印刷企业在柔性版印刷领域占据极其重要的地位。本次调查样本企业中，民营印刷企业的数量占比高达69.33%，超过了其他类型所有制企业数量的总和。上市公司数量占比为10.00%，国有企业数量占比为4.67%，外商独资企业数量占比7.33%，港、澳、台资企业数量占比为6.00%，中外合资企业数量占比为2.67%，如图3所示。

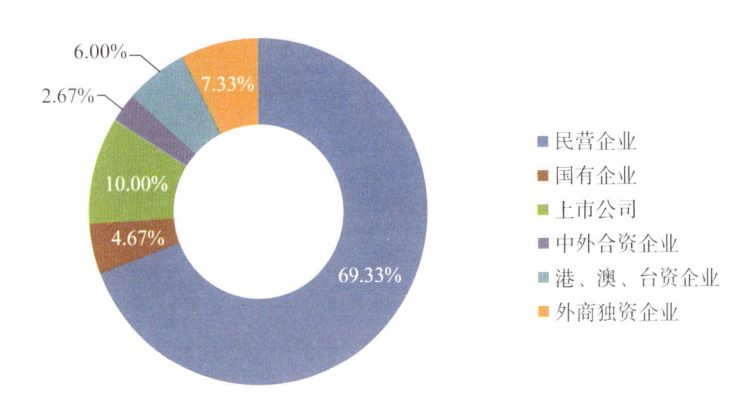

图3　柔性版印刷企业所有制类型分布情况

包装印刷是柔性版印刷的主要应用领域。瓦楞纸包装、纸包装、软包装和标签印刷等均为包装印刷的重要组成部分。

瓦楞纸预印可大幅提高纸箱的印刷质量，通常有柔性版印刷、平版印刷等多种印刷工艺选择。柔性版瓦楞纸预印可以提高生产效率，降低生产成本。后印是瓦楞纸生产后直接在瓦楞纸板上进行印刷。90%以上的瓦楞纸后印采用柔性版印刷和水性油墨，俗称"瓦楞纸水印"，其技术相当成熟，近年来市场也相对稳定。为与2019年和2020年调查范围保持一致，本次调查未涉及瓦楞纸后印领域。

软包装是柔性版印刷的重要细分领域之一，也是柔性版印刷的重点拓展领域。在《2020中国柔性版印刷发展报告》蓝皮书中，对柔性版印刷在软包装中的应用情况进行了重点调查，并形成了该细分领域的研究报告《软包装领域柔性版印刷调查报告》。

标签印刷也是柔性版印刷的重要细分领域，且对柔性版印刷的质量有着更高要求。为更好地了解柔性版印刷在标签印刷领域的应用情况，在本年度的调研中增加了标签印刷企业的样本量，并形成专题调研报告《柔性版印刷在标签领域的应用和发展报告》。

如表 3 所示，本次调研的印刷企业中主营业务为标签印刷的企业占比约为 57.33%，软包装（含透气膜印刷）企业占比约为 24.00%，厚纸包装（200g 及以上纸张、含瓦楞纸预印）为 13.34%，薄纸包装（200g 以下纸张）为 3.33%，其他为 2.00%。

表 3　不同主营业务类型的企业数量占比情况

企业主营业务	数量 / 家	百分比
标签印刷	86	57.33%
软包装（含透气膜印刷）	36	24.00%
厚纸包装（200g 及以上纸张、含瓦楞纸预印）	20	13.34%
薄纸包装（200g 以下纸张）	5	3.33%
其他	3	2.00%
合计	150	100%

柔性版印刷企业拥有的员工人数情况如图 4 所示，其中，50 人以下的企业为 31.33%；51～100 人的为 19.33%；101～150 人和 151～200 人的均为 8.67%；201～250 人的为 5.33%；251～300 人的为 6.67%；超过 300 人的企业为 20.00%。

企业的年销售额规模分布情况如图 5 所示，其中，年销售额在 1000 万元以下的企业为 10.00%；1000 万～2000 万元的企业为 2.67%；2000 万～5000 万元的企业为 30.00%；5000 万～1 亿元的企业为 9.33%；1 亿～2 亿元的企业为 14.00%；2 亿～5 亿元的企业为 24.00%；5 亿～10 亿元的企业为 7.33%；10 亿元以上的企业约为 2.67%。

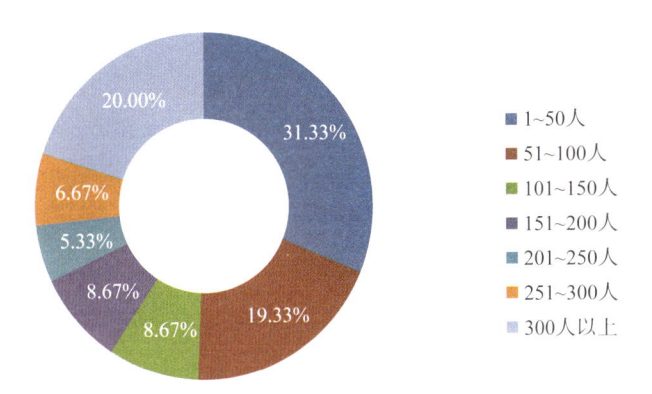

图 4　柔性版印刷企业员工人数分布情况

按照国家新闻出版署认定的标准，年销售额超过 5000 万元的印刷企业为"规模以上重点印刷企业"。本次调研中，年销售额超过 5000 万元的"规模以上重点印刷企业"约为 57.33%。规模以上企业数占比较上年度降低的主要原因是本次调研样本量增大，增加了中小型标签印刷企业样本。

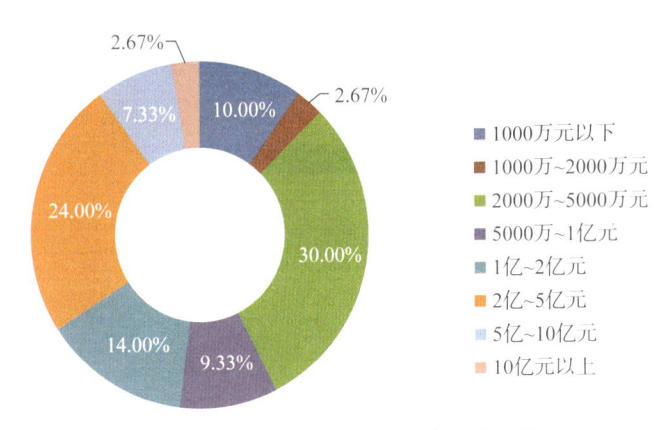

图 5　柔性版印刷企业的 2020 年销售额情况

根据对样本印刷企业的主营业务服务领域分析发现，纸类（薄纸、厚纸及瓦楞纸预印）包装和软包装（含透气膜）印刷企业销售规模普遍较大，其中纸类（薄纸、厚纸及瓦楞纸预印）包装印刷企业中规模以上企业（销售额 5000 万元以上）占比为 100.00%，软包装（含透气膜）印刷企业中规模以上企业（销售额 5000 万元以上）占比约为 77.77%；而标签印刷企业销售规模相对较小，规模以上企业

（销售额 5000 万元以上）占比约为 35.37%，如表 4、表 5 和表 6 所示。

表 4　纸类（薄纸、厚纸及瓦楞纸预印）印刷企业销售额分布情况

纸类（薄纸、厚纸及瓦楞纸预印）印刷	数量/家	百分比
1000 万元以下	0	0.00%
1000 万～2000 万元	0	0.00%
2000 万～5000 万元	0	0.00%
5000 万～1 亿元	2	8.00%
1 亿～2 亿元	2	8.00%
2 亿～5 亿元	12	48.00%
5 亿～10 亿元	6	24.00%
10 亿元以上	3	12.00%
合计	25	100%

表 5　软包装（含透气膜）印刷企业销售额分布情况

软包装（含透气膜）印刷	数量/家	百分比
1000 万元以下	0	0.00%
1000 万～2000 万元	2	5.56%
2000 万～5000 万元	6	16.67%
5000 万～1 亿元	8	22.22%
1 亿～2 亿元	7	19.44%
2 亿～5 亿元	9	25.00%
5 亿～10 亿元	3	8.33%
10 亿元以上	1	2.78%
合计	36	100%

调研企业中大部分以满足国内市场需求为主，直接出口业务不多（未考虑间接出口），如图 6 所示。59.34% 的企业出口业务占比在 10% 以内，其中 22.67%

的企业没有出口业务；78.68%的企业出口业务占比在30%以内；11.33%的企业出口业务占比超过50%；5.33%的企业出口业务占比超过80%。

表6 标签印刷企业销售额分布情况

标签印刷	数量/家	百分比
1000万元以下	13	15.85%
1000万~2000万元	2	2.44%
2000万~5000万元	38	46.34%
5000万~1亿元	3	3.66%
1亿~2亿元	10	12.20%
2亿~5亿元	15	18.29%
5亿~10亿元	1	1.22%
10亿元以上	0	0.00%
合计	82	100%

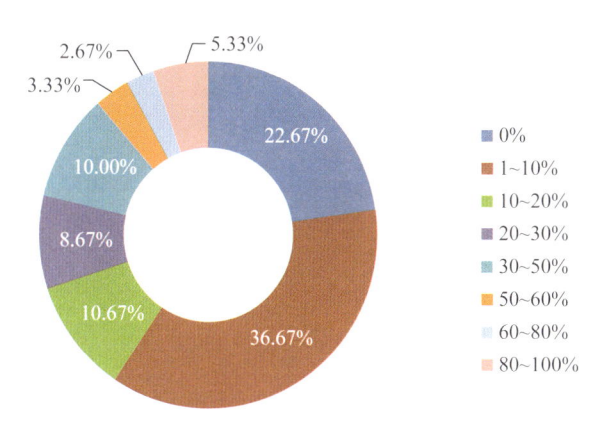

图6 柔性版印刷企业的出口业务占比情况

2. 柔性版印刷业务的比重情况

柔性版印刷企业并不是仅仅采用柔性版印刷一种工艺，往往也应用平版印刷、凹版印刷、丝网印刷、数码印刷等多种印刷工艺，还有些企业应用其他印刷工艺业务占比之和超过柔性版印刷。

调研企业的柔性版印刷业务占企业总销售额的比重情况见表7。其中柔性版印刷业务比重 10% 以下、10%～20%、20%～30%、30%～40%、40%～50%、50%～60%、60%～70%、70%～80%、80%～90% 和 90% 以上的企业数量占比分别约为：10.68%、15.33%、14.67%、13.33%、7.33%、7.33%、8.67%、3.33%、4.00% 和 15.33%。

表 7　调研企业的柔性版印刷业务占比情况

柔性版印刷业务占销售额的比重	数量/家	企业数百分比
10% 以下	16	10.68%
10%～20%	23	15.33%
20%～30%	22	14.67%
30%～40%	20	13.33%
40%～50%	11	7.33%
50%～60%	11	7.33%
60%～70%	13	8.67%
70%～80%	5	3.33%
80%～90%	6	4.00%
90% 以上	23	15.33%
合计	150	100%

近三年的柔性版印刷业务比重变化情况见表 8。由表可知，2020 年柔性版印刷业务比重分布情况与 2018、2019 年度大致相同；柔性版印刷业务比重为 10%～30% 的企业占比略有增长，而柔性版印刷业务比重为 90% 以上的企业数占比略有降低。该变动与本次调查样本量增加有关，整体上柔性版印刷业务的比重情况基本稳定。

表 8　近三年柔性版印刷业务比重情况

柔性版印刷业务	2018 年	2019 年	2020 年
占销售额 10% 以下	19.05%	10.94%	10.68%
占销售额 10%～30%	22.23%	23.44%	30.00%

续表

柔性版印刷业务	2018 年	2019 年	2020 年
占销售额 30%～60%	25.40%	29.69%	27.99%
占销售额 60%～80%	14.27%	12.50%	12.00%
占销售额 80%～90%	4.76%	3.13%	4.00%
占销售额 90% 以上	14.29%	20.30%	15.33%
合计	100%	100%	100%

调研企业的柔性版印刷业务增长情况如图 7 所示。由图可知，其柔性版印刷业务与上一年度相比无明显变化（±5% 以内）的企业约为 19.33%，与上年度相比增长 5% 以上的企业约为 69.34%。二者合计，即柔性版印刷业务无明显变化或增长的企业约为 88.67%。其中，增长 15% 以上的企业约为 38.67%，增长 30% 以上的企业占比为 12.00%，增长 45% 以上的企业占比为 4.00%。

与上一年度相比，柔性版印刷业务下降 5% 以上的企业约为 11.33%。其中，下降超过 15% 的企业占比 3.33%。

进一步数据分析表明，调研企业的柔性版印刷业务平均增长率约为 13.50%，虽然与 2019 年的这一数据（19.60%）相比有所回落，但仍保持了较高的增速。

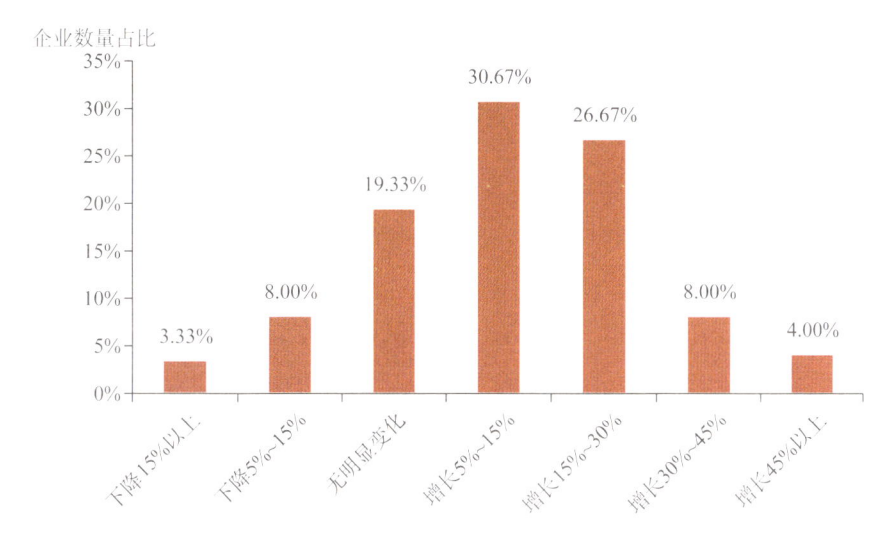

图 7　印刷企业的柔性版印刷业务增长情况

调研企业柔性版印刷业务利润的增长情况如图 8 所示。由图可知，与上一年相比利润额无明显变化（±5% 以内）的企业约为 26.25%，与上年度相比增长 5% 以上的企业约占 58.75%，二者合计约为 85.00%。其中，柔性版印刷业务利润增长 15% 以上的企业约为 26.25%，增长 30% 以上的企业约为 7.5%，增长 45% 以上的企业约为 3.75%。

与上一年度相比利润额下降 5% 以上的企业约占 15.00%，其中下降超过 15% 的企业占比约为 3.75%。

调研企业的柔性版印刷业务利润额平均增长 9.02%，略低于业务平均增长率。

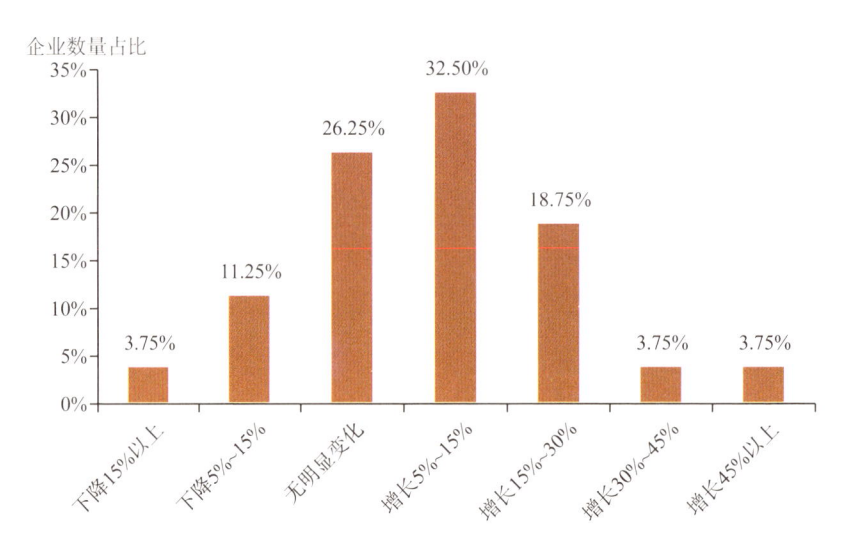

图 8　印刷企业的柔性版印刷业务利润增长情况

近三年，调研印刷企业对下一年度经营状况的预期对比情况如图 9 所示。由图可知，2021 年度的调研中预计略好或明显好于上一年度的企业合计占比约 71.25%，与上一年度的这一调查数据 46.88% 相比有显著上升。其中，明显好于上一年度的企业（10% 以上）约为 38.75%，略好于上一年度的企业（3%～10%）约为 32.50%，均比上一年度的相关调查数据大幅上升。

认为与上一年度基本相当（-3%～3%）的企业占比约为 20.00%，与上一年度的该数据值 15.63% 相比也略有上升。

认为略差或明显差于上一年度的企业合计仅为 8.75%，与上一年度的这一调查数据值 37.50% 相比显著减少。

2020 年调查时，正值新冠病毒肺炎疫情暴发初期，调研企业对 2020 年的经营预期普遍比较悲观。本次调研在 2021 年 4 月下旬进行，虽然疫情仍在世界范围内蔓延，但在我国已经得到很好控制，统筹疫情防控和经济社会发展成效持续显现。第一季度国内生产总值按可比价格计算，同比增长 18.3%；货物贸易进出口比上一年度同期增长 29.2%。其中，出口增长 38.7%。我国经济保持恢复性增长态势，积极因素持续增多。一月至四月，包装印刷品出口额为 18.82 亿美元，同比增长 55.3%。调研企业对未来预期的乐观程度大幅增长。

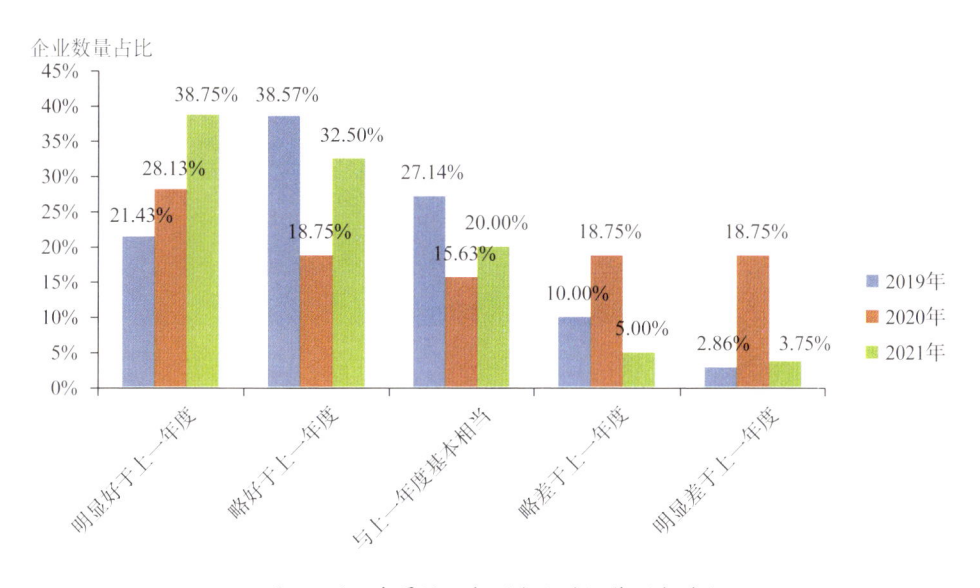

图 9　近三年柔性版印刷企业的经营预期对比

3. 柔性版印刷设备及其他技术应用情况

在调研印刷企业中（集团公司除外）拥有柔性版印刷机台数量为 1～15 台不等。柔性版印刷机的机型分布情况如图 10 所示。其中，机组式柔性版印刷机占比为 42.24%，卫星式柔性版印刷机为 26.50%，层叠式柔性版印刷机为 14.08%，组合式柔性版印刷机为 17.18%。

图 10 印刷企业拥有柔性版印刷机的机型分布情况

软包装（含透气膜）印刷企业的柔性版印刷设备中，机组式占比约为 11.11%，卫星式占比约为 84.62%，层叠式和组合式印刷机占比分别约为 2.56% 和 1.71%，如图 11 所示。[注：上述软包装（含透气膜）印刷企业是指以软包装（含透气膜）业务为主的印刷企业]

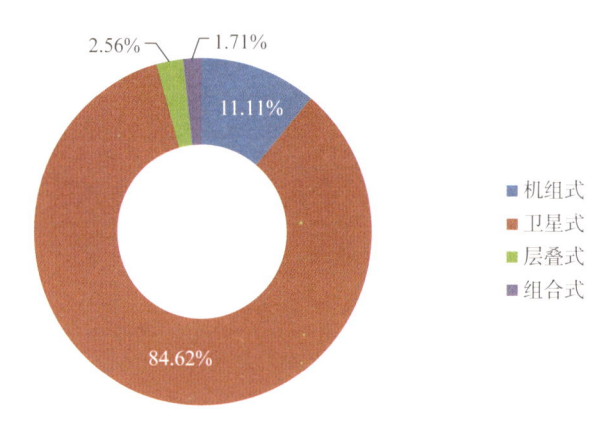

图 11 软包装（含透气膜）印刷企业拥有柔性版印刷机的机型分布情况

标签印刷企业的柔性版印刷设备中，机组式占比约为 43.63%，卫星式占比约为 9.51%，层叠式和组合式印刷机占比分别约为 18.79% 和 28.07%，如图 12 所示。（注：上述标签印刷企业是指以标签业务为主的印刷企业）

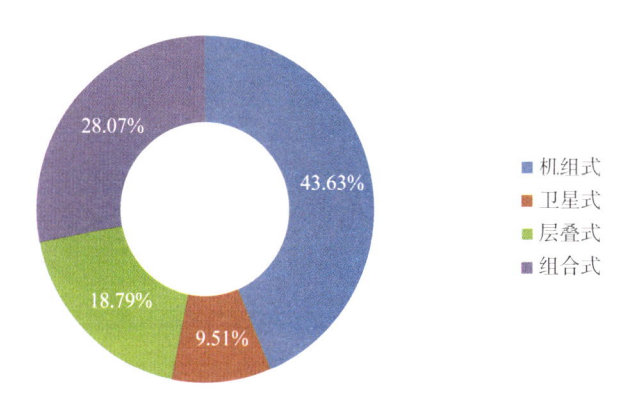

图 12 标签印刷企业拥有柔性版印刷机的机型分布情况

在这些柔性版印刷机中，国产机与进口机的比例分别为58.65%和42.35%。进一步按照柔性版印刷机的类型划分，国产柔性版印刷机的分布情况如图13所示。由图可知，调研样本企业中国产设备在层叠式柔性版印刷机中占比最高，约为98.16%，在机组式和卫星式柔性版印刷机中占比分别为66.61%和41.74%，组合式柔性版印刷机主要应用于标签印刷，占比约为40.91%。

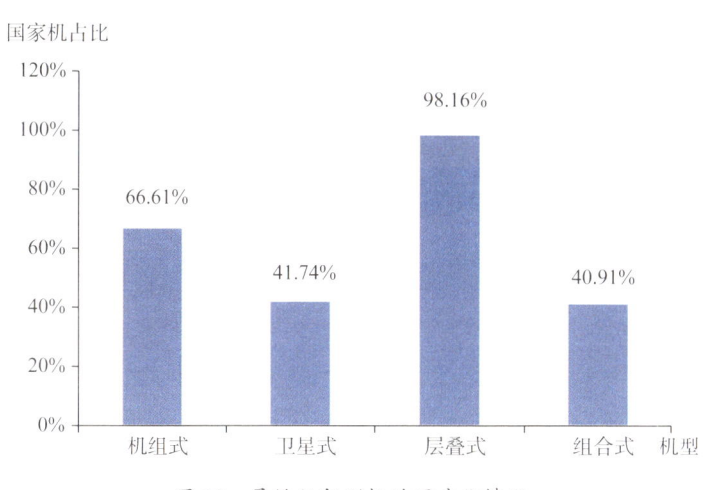

图 13 柔性版印刷机的国产化情况

加网线数的高低在很大程度上反映了柔性版印刷印品画面的精细程度。调研企业常用加网线数的使用频次从高到低依次为：150lpi、175lpi、133lpi、100lpi、120lpi、110lpi、90lpi以下、175lpi以上和90lpi，如图14所示。

使用频次较高的加网线数主要集中在 133lpi 到 175lpi，而 175lpi 以上、90lpi 及 90lpi 以下的加网线数使用频次较少。进一步分析表明，软包装印刷常采用的加网线数主要在 100lpi 到 150lpi，其中采用 133lpi 的最多；而标签印刷常采用的加网线数分别是 150lpi、175lpi 及以上。

加网线数	平均综合得分
175lpi 以上	1.2
175lpi	2.61
150lpi	3.12
133lpi	2.13
120lpi	1.89
110lpi	1.79
100lpi	2.03
90lpi	0.73
90lpi 以下	1.23

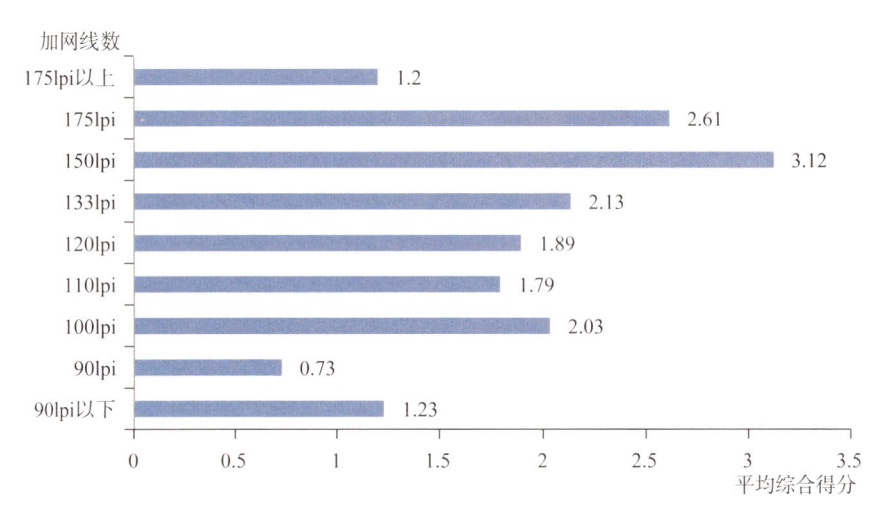

图 14　柔性版印刷企业常用加网线数情况

注：图中横坐标平均综合得分由问卷系统根据所有填写者对选项的排序情况自动计算得出。它反映了选项的综合排名情况，得分越高表示综合排序越靠前。

计算方法为：选项平均综合得分 =（Σ 频数 × 权值）/ 本题填写人次。

权值由选项被排列的位置决定。例如，有 3 个选项参与排序，则排在第一个位置的权值为 3，第二个位置权值为 2，第三个位置权值为 1。

例如，一个题目共被填写 12 次，选项 A 被选中并排在第一位置 2 次，第二位置 4 次，第三位置 6 次，那选项 A 的平均综合得分 =（2×3 + 4×2 + 6×1）/12 ≈ 1.67 分。

（三）柔性版制版企业的发展状况

1. 基本情况

与批量生产的生产型柔性版印刷企业不同，柔性版制版企业属于技术服务型企业。制版行业中民营企业数量占比约92.11%，港澳台资、外商独资和中外合资企业合计约占7.89%。本次调查表明，约78.75%的印刷企业完全依赖专业制版公司进行制版工作，约21.25%的印刷企业拥有企业（或集团）自建制版中心，其中6.25%的调研企业拥有企业（或集团）自建制版中心，同时部分制版工作仍然委托专业制版公司。

制版企业员工人数普遍在30人以下的，约占63.15%；10人以下的企业占比约为23.68%；31～50人的企业占比约为10.53%；51人以上的企业占比约为26.31%，100人以上的企业占比约为15.79%，如图15所示。

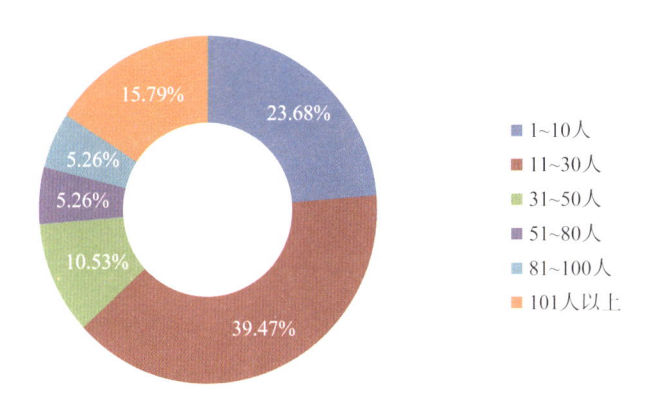

图15 制版企业的员工人数分布情况

从销售规模来看，制版企业年销售额一般在500万～8000万元。其中年销售额超过500万元的企业为81.58%，年销售额超过1000万元的企业为60.53%，年销售额超过3000万元的企业为21.05%，年销售额超过5000万元的企业为13.16%，如图16所示。其中年销售额1000万～3000万元的企业较为集中（占比39.48%）。

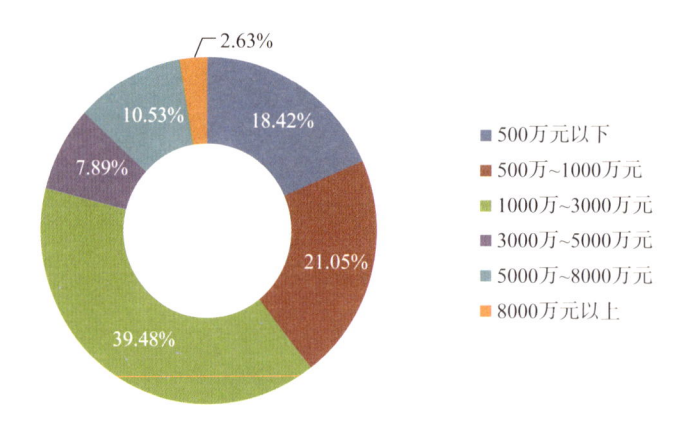

图 16 制版企业 2020 年销售额分布情况

柔性版制版企业近三年销售额分布情况对比如表 9 所示。

表 9 制版企业的近三年销售额分布情况对比

销售额	2018 年度	2019 年度	2020 年度	2020 年与 2019 年同比
500 万元以下	13.79%	16.67%	18.42%	1.75%
500 万～1000 万元	34.49%	27.78%	21.05%	−6.73%
1000 万～3000 万元	20.69%	30.55%	39.48%	8.93%
3000 万～5000 万元	13.79%	19.44%	7.89%	−11.55%
5000 万元以上	17.24%	5.56%	13.16%	7.60%

调研企业 2020 年度销售增长情况如图 17 所示。由图可知，36.84% 的制版企业的年销售额无明显变化（±5% 以内），年销售额增长 5% 以上的企业约占 52.63%。二者合计约为 89.47%。其中，销售额增长 5%～15% 的企业占比约为 47.37%，增长 15% 以上的企业约为 5.26%。销售额下降超过 5% 的企业约为 10.52%，下降超过 15% 的企业为 2.63%。

柔性版制版企业 2020 年度的盈利情况如图 18 所示。由图可知，与上一年相比利润额变化不大（±5% 以内）的企业约占 36.84%，与上年度相比增长 5% 以上的企业约占 36.84%，二者合计约为 73.68%。其中，柔性版印刷业务利润增长 15% 以上的企业约为 7.89%，没有企业实现 30% 以上的增长。

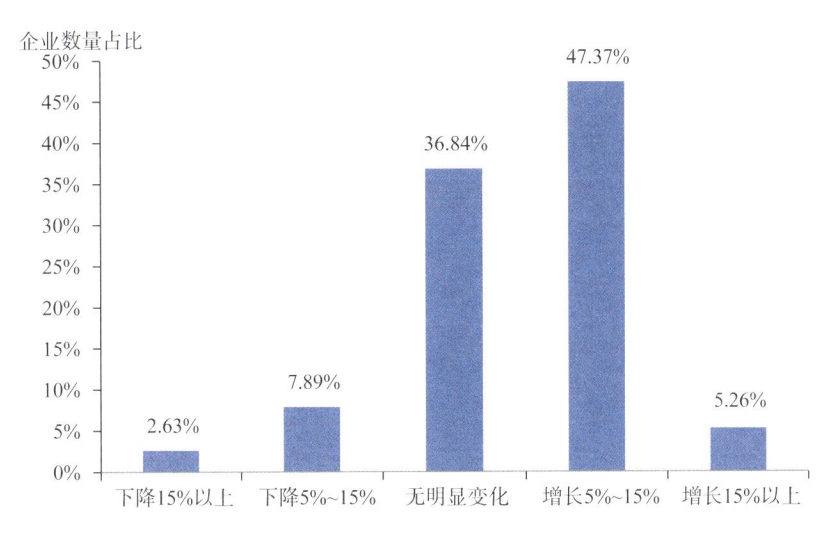

图 17　柔性版制版企业 2020 年度的销售增长情况

与上一年度相比利润额下降 5% 以上的企业约占 26.32%，其中下降超过 15% 的企业占比约为 5.26%。

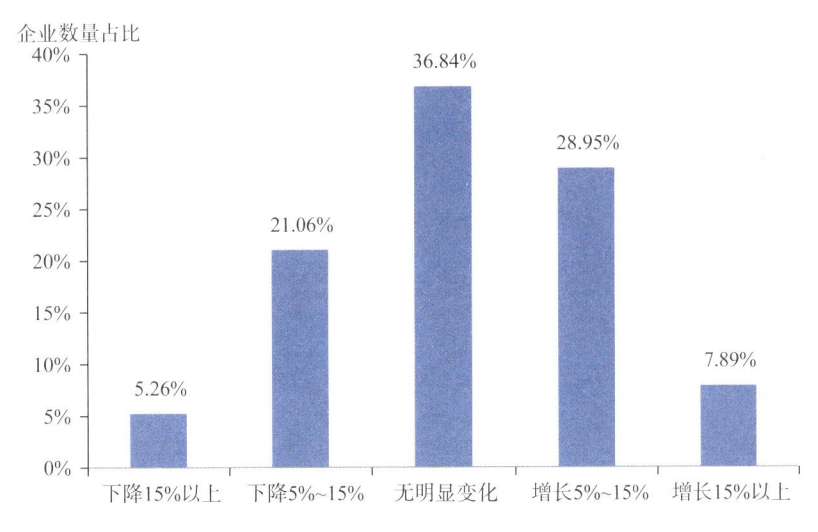

图 18　柔性版制版企业 2020 年度的盈利情况

近三年，调研制版企业对下一年度经营状况的预期对比情况如图 19 所示。由图可知，本年度的调研中预计略好或明显好于上一年度的企业合计占比约

47.37%，与上一年度的这一调查数据 22.22% 相比显著上升。其中，明显好于上一年度的企业（10% 以上）约为 18.42%，略好于上一年度的企业（3%～10%）约为 28.95%，均比上一年度的这一调查数据（2.78% 和 19.44%）大幅上升。认为与上一年度基本相当（-3%～3%）的企业占比约为 34.21%，与上一年度的这一数据 19.44% 相比大幅上升。认为略差或明显差于上一年度的企业合计仅为 18.42%，与上一年度的这一调查数据 58.34% 相比显著减少。

与上一年度同期的调查相比，乐观预期的比例有大幅度增长，基本恢复到疫情前的水平。但是与印刷企业相比，制版企业的竞争更加激烈，乐观预期明显偏低。

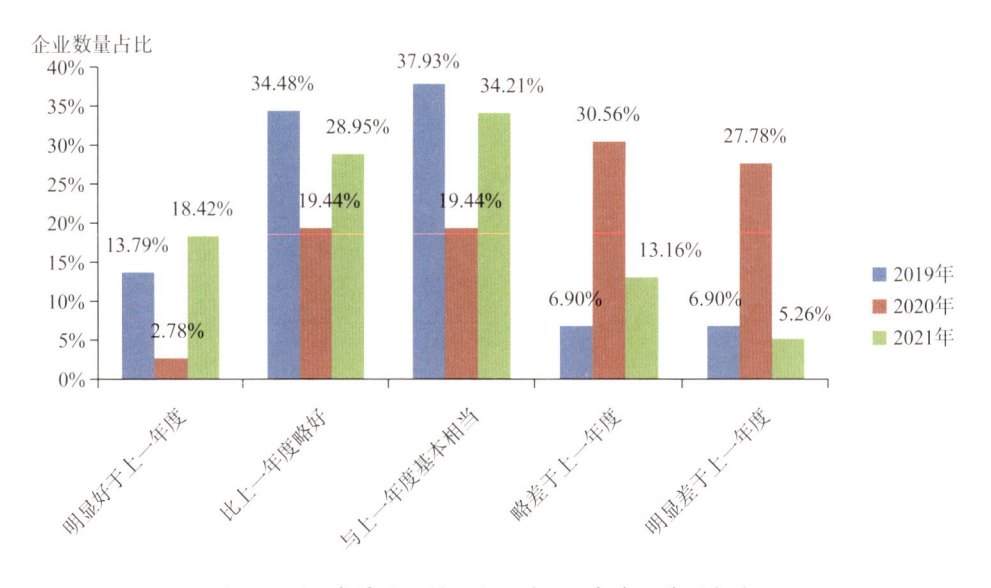

图 19　近三年柔性版制版企业对下一年度经营预期对比

2. 版材及溶剂的使用情况

本次调研的制版企业中各主要制版设备的分布情况如图 20 所示。每家制版企业平均拥有各类激光雕刻机 2.06 台，曝光机 4.11 台，洗版机 4.08 台，烘干机 3.31 台，其他设备 0.46 台，占比分别为 14.69%、29.32%、29.10%、23.61%、3.28%。调研企业在整个制版行业中属于技术实力相对雄厚、专业水平较高的企业，对于柔性版印刷质量的提高功不可没，是促进柔性版印刷行业新技术、新工艺应用推广的推动力量。

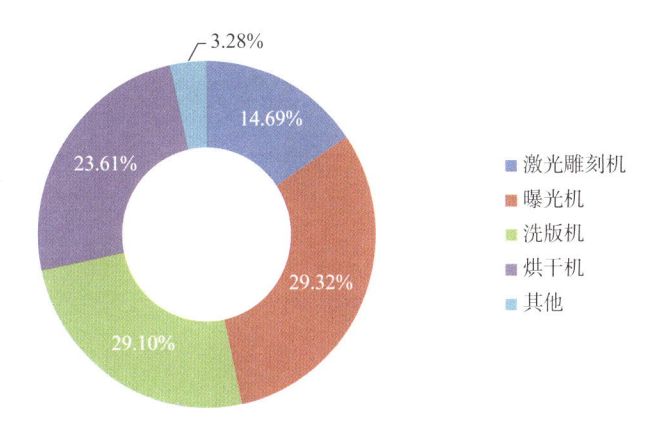

图20 柔性版制版企业主要设备的分布情况

调研的柔性版制版企业版材年使用量最高约为50000m², 最低约为300 m²。制版企业2020年版材使用量分布情况如图21所示。由此可知, 版材年使用量超过3000m²的企业约占73.68%, 超过5000m²的企业约占50.00%, 超过8000m²的企业约占47.37%, 超过10000m²的企业约占39.47%, 超过20000m²的企业约占21.04%。

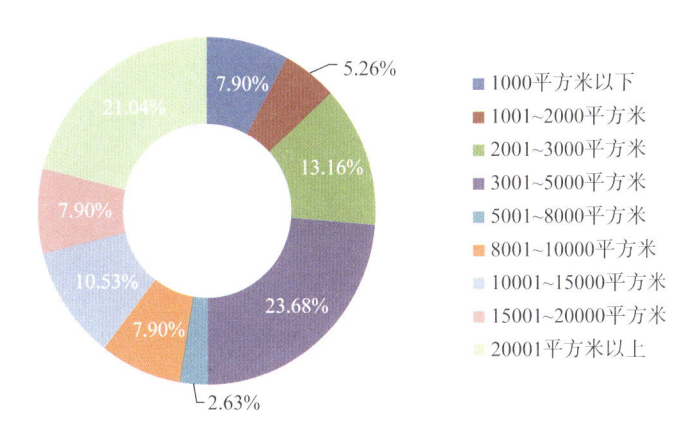

图21 柔性版制版企业的2020年的版材使用量

如图22所示, 与2019年度的版材年使用量相比, 约36.84%的制版企业的用版量无明显变化(±5%以内)。用版量增长5%以上的企业约占57.90%。其中, 增长15%以上的企业约为13.16%, 增长30%以上的企业约为5.26%。用版量减少 5% 以上的企业约为 5.26%，其中减少 15% 以上的企业约为 2.63%。制版企业的用版量增长情况与销售额增长和利润增长情况呈正相关。

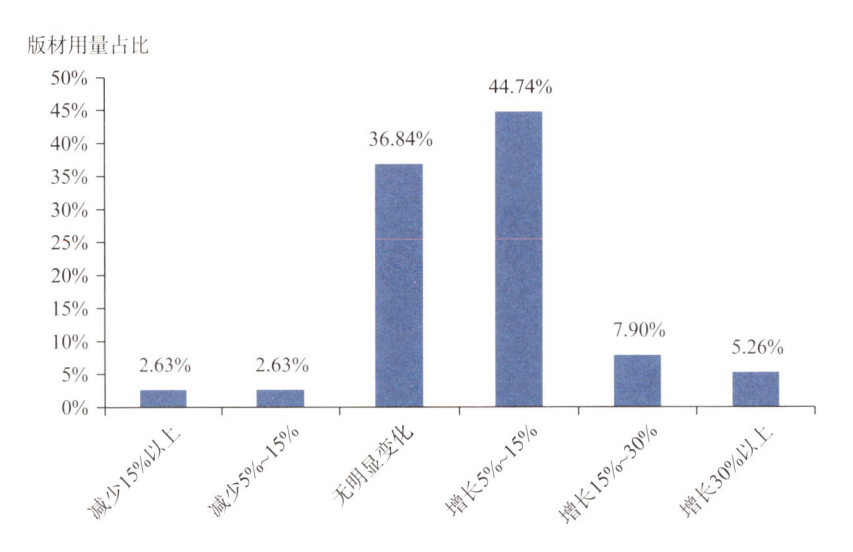

图 22　柔性版制版企业版材使用量增长情况

为进一步摸清固态感光树脂版、液态感光树脂版和橡胶版在市场上的占比情况，对制版企业的各类型版材占比情况进行了调查，并结合各企业的实际用版量进行统计分析。结果表明，在调查的制版企业中固态感光树脂版的使用量最高，液态感光树脂版次之，橡胶版的使用量最小。三者的占比分别是固态感光树脂版 77.29%、液态感光树脂版 18.42% 和橡胶版 4.29%，如图 23 所示。

尽管固态感光树脂版仍然呈压倒性优势，但液态感光树脂版的使用量正在迅速增长，其得益于制版质量的进步，以及在制版时具有余料可回收等环保特性。预计随着其技术的不断成熟，液态感光树脂版的市场份额未来将会逐步上升。

在版材厚度方面，根据调研企业各种厚度版材使用量的排序，结合各制版企业年使用版材量加权计算，得到各种厚度版材的市场分布情况，如图 24 所示。按照使用量占比从高到低排序依次为 3.94mm、1.7mm、2.28mm、2.84mm、1.14mm、2.54mm 和其他厚度版材，其占比分别约为 39.29%、23.40%、14.31%、10.78%、9.68%、2.08% 和 0.46%。

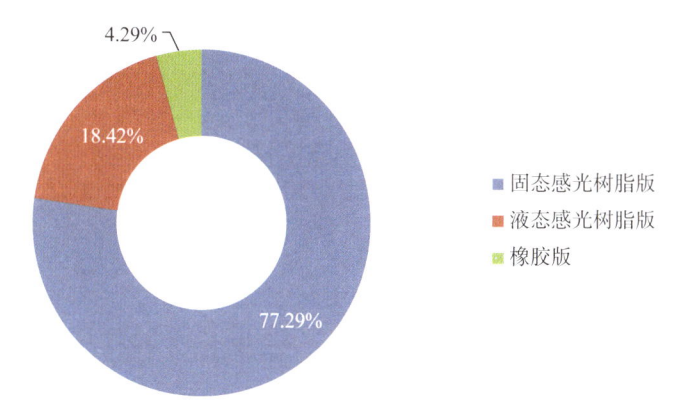

图 23　柔性版制版企业的版材种类占比情况

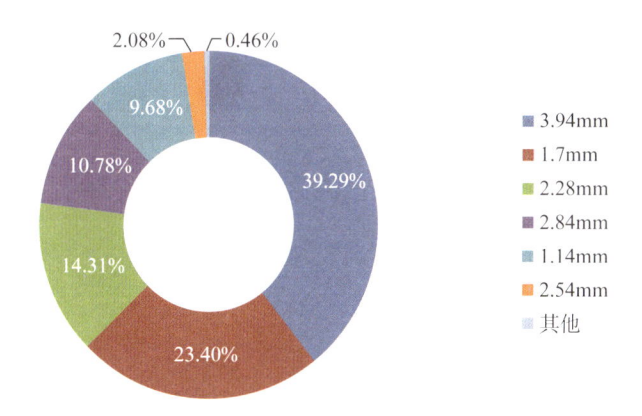

图 24　各种厚度版材的市场分布情况

因为部分版材供应商出于商业机密考虑未参与本次调查，所以版材市场占有率比较难以直接统计。本次调研根据制版企业和自有制版中心的大型印刷企业的数据进行推算。根据所使用的各品牌版材使用量排序情况，结合其版材用量加权计算后推算出各品牌版材的市场占有率情况，从高到低依次为乐凯华光、富林特、杜邦、石梅、旭化成、强邦、麦德美、柯达、东海泉龙、富士胶片、东丽、东洋纺和其他。

3. 制版及加网技术

根据调研企业对各种制版技术使用频率的排序，并结合其年使用版材量进行加权处理，统计结果显示传统的胶片制版技术约占 22.83%，与上一年度调查数据（23.38%）相比基本持平。其他各种先进制版技术中比较靠前的依次是艾司科 InlineUV 制版、科茂 LED 制版技术、柯达 NX 制版、富林特 NeXT 制版、杜邦 Digiflow 氮气制版、橡胶直接雕刻制版、水洗版制版、麦德美 LUX 制版、热敏制版以及其他制版技术等。

在加网技术方面，大多数公司同时采用几种加网技术。根据各调研企业对加网技术使用频率的排序，结合其版材使用量加权处理，结果如图 25 所示。其中，传统调幅网点技术占比仍然很高，约为 32.63%；高清 HD 网点次之，约为 30.45%；全高清 Full HD 网点、NX Advantage 加网和 Pixel+ 加网均有较高的使用频率，占比分别约为 11.70%、8.64% 和 8.19%。而水晶网点 Crystal 加网的占比相对较低，约为 1.78%。Bellissima 加网技术在实际生产中应用还很少，占比为 0.20%。混合加网技术的应用率约为 6.41%。

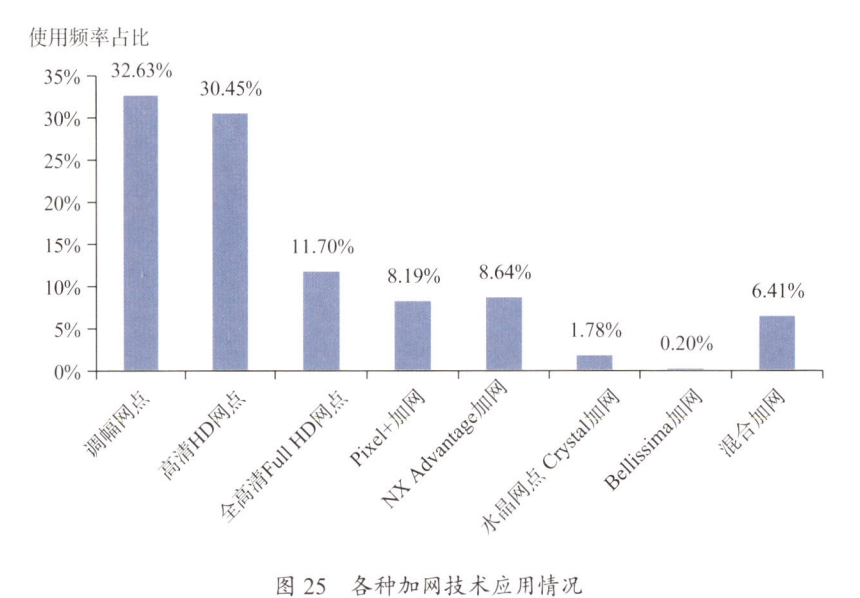

图 25 各种加网技术应用情况

调研表明，除了传统的调幅网点技术之外，高清 HD 网点、Pixel+ 加网、混合加网等技术迅速发展，对于改善柔性版印刷的网点还原和油墨转移效果及提高印刷质量具有很大的推进作用。

（四）设备、油墨、辅料及其他企业的发展状况

柔性版印刷相关企业是指除了版材生产企业和制版企业以外，其他为柔性版印刷企业提供产品和服务的相关企业，包括柔性版印刷设备、印刷油墨、网纹辊、封闭式墨腔、套筒、双面胶带等配套设备、部件和辅料的生产与服务企业。

在柔性版印刷相关企业中，设备和油墨生产企业占有十分重要的地位。印刷设备的性能、质量和稳定性，对于柔性版印刷质量、成本和效率等具有至关重要的作用。

柔性版印刷设备的装机量及柔性版印刷油墨的发展情况分别在本书第二部分的《2016—2020年中国柔性版印刷机市场销售情况调查报告》和《2021年中国柔印油墨产业发展报告》中有专题介绍。

本次调查中，柔性版印刷相关企业的业务类别分布如图26所示。其中柔印油墨约占33.16%；柔印辅料约占22.05%；柔性版印刷机及其配件约占16.92%；制版设备及其配件约占8.89%；环保设备约占8.72%；其他相关业务约占10.26%，其他相关业务主要包括印前设计服务、色彩管理软件、媒体服务、一体化解决方案等。

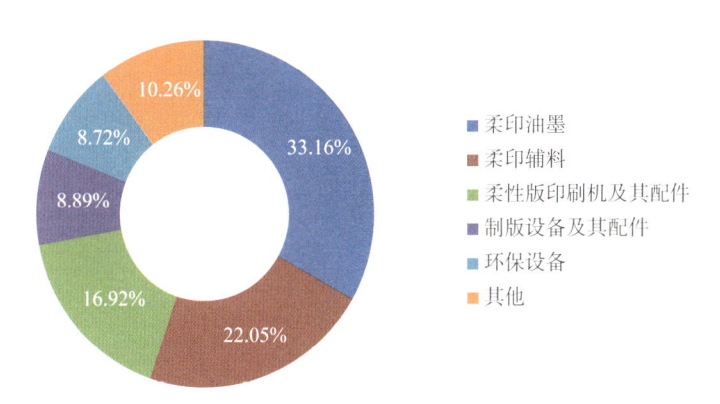

图26 柔性版印刷相关企业的业务类别分布情况

从员工人数来看，柔性版印刷相关企业以30人及以下的企业占比最多，约为48.05%；200人以上的企业占比约为12.99%，如图27所示。其中200人以上的企业多为油墨生产企业和柔性版印刷设备制造企业。

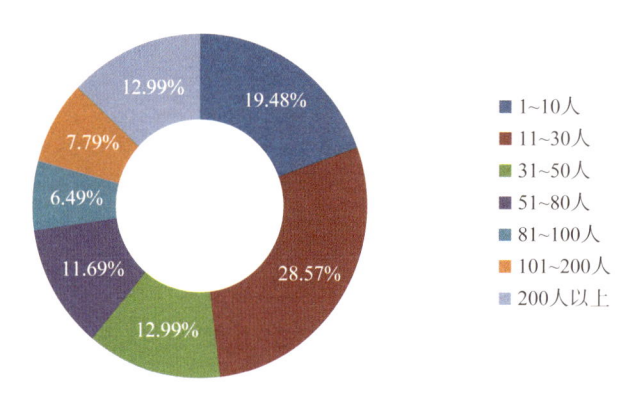

图 27 柔性版印刷相关企业的人员分布情况

调研企业的销售额分布情况如图 28 所示。由图可知，1000 万元以下的企业约占 22.08%；1000 万～2000 万元的企业为 22.08%；2000 万～5000 万元的企业为 14.29%；5000 万～1 亿元的企业为 20.78%；1 亿元以上的企业为 20.77%；2 亿元以上的企业约为 11.68%；10 亿元以上的企业约为 6.48%。其中 2 亿元以上的企业大多为柔性版印刷油墨和柔性版印刷设备生产企业。

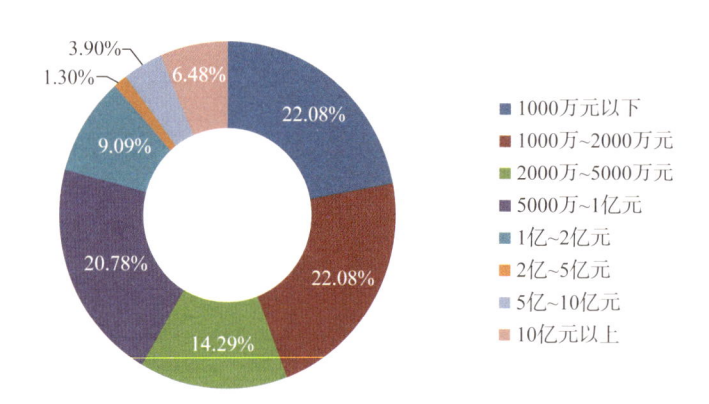

图 28 柔性版印刷相关企业的销售额分布情况

调研企业中与柔性版印刷相关的业务比重按每 10% 为一段进行划分，各段的企业分布情况如图 29 所示。与柔性版印刷相关的业务比重在 10% 以下、10%～20%、20%～30% 的企业均约为 12.99%，比重在 30%～50% 企业约为 16.88%，比重在 50% 以上的企业约为 44.15%，其中比重在 80% 以上的企业约为 22.08%。

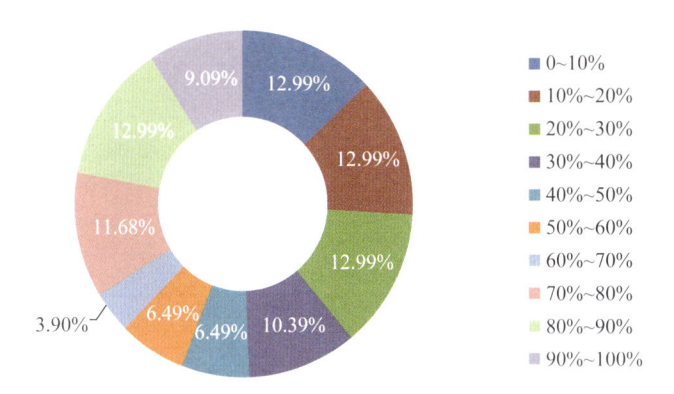

图 29　柔性版印刷相关业务的占比情况

调研企业直接出口业务比重情况如图 30 所示。由此可知，半数以上（58.44%）的调研企业出口业务为零或 10% 以内，绝大多数调研企业（83.12%）出口业务比重在 30% 以下。出口业务比重在 50% 以上的调研企业约为 7.79%。

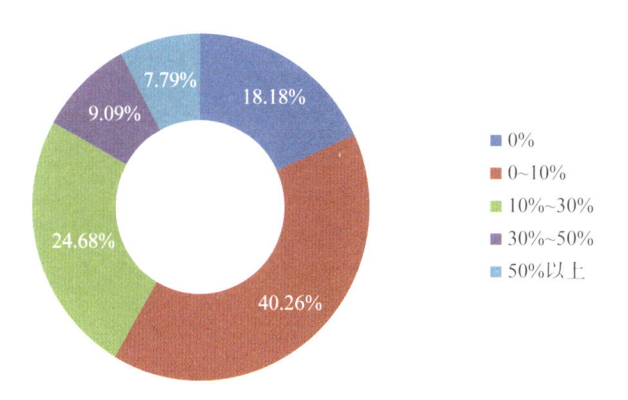

图 30　出口业务比重分布情况

调研企业柔性版印刷相关业务销售额增长情况如图 31 所示。由图可知，绝大多数调研企业（84.41%）的柔性版印刷相关业务销售额有所增长（增幅大于 5%）。其中，销售额增幅为 5%～15% 的企业占 44.15%，增幅 15%～30% 的企业占 19.48%，增幅 30% 以上的企业占 20.78%。销售额变化不明显（±5%）的企业约占 9.09%，降幅较大（下降 5% 以上）的企业约占 6.50%。

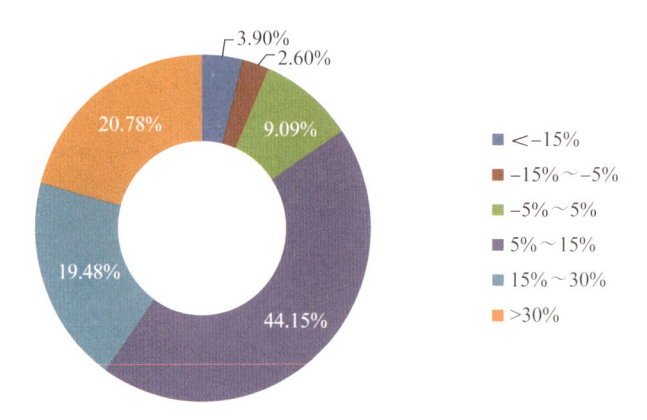

图31 柔性版印刷相关业务销售额增长情况

得益于政府对中小型企业的优惠政策等，企业的利润普遍呈增长态势。调研企业柔性版印刷相关业务利润增长情况如图32所示。由图可知，与上一年相比利润额变化不明显（±5%以内）的企业约占23.38%，与上年度相比增长5%以上的企业约占64.94%，二者合计约为88.32%。其中，利润增长15%以上的企业约为25.98%，增长30%以上的企业约为12.99%。

与上一年度相比利润额下降5%以上的企业约占11.68%，其中下降超过15%的企业占比约为6.49%。

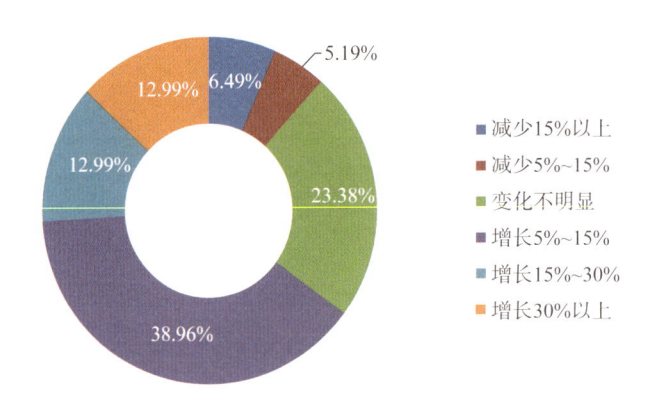

图32 柔性版印刷相关业务销售利润增长情况

近三年，设备、油墨、辅料及其他相关企业对下一年度经营状况的预期对比情况如图33所示。由图可知，本年度的调研中预计略好或明显好于上一年度的企业合计占比约 83.11%，与上一年度的这一调查数据 33.82% 相比显著上升。其中，明显好于上一年度的企业（10% 以上）约为 44.15%，略好于上一年度的企业（3%～10%）约为 38.96%，均比上一年度的这一调查数据（10.29% 和 23.53%）大幅上升。认为与上一年度基本相当（-3%～3%）的企业占比约为 14.29%，与上一年度的这一数据 17.65% 相比略有下降。而认为略差于上一年度的企业（3%～10%）仅为 2.60%，认为明显差于上一年度的企业（10% 以上）为 0%，与上一年度的这一调查数据（26.47% 和 22.06%）相比大幅减少。

与柔性版印刷和制版企业相比，设备、油墨、辅料及其他相关企业对于下一年度经营预期最为乐观。

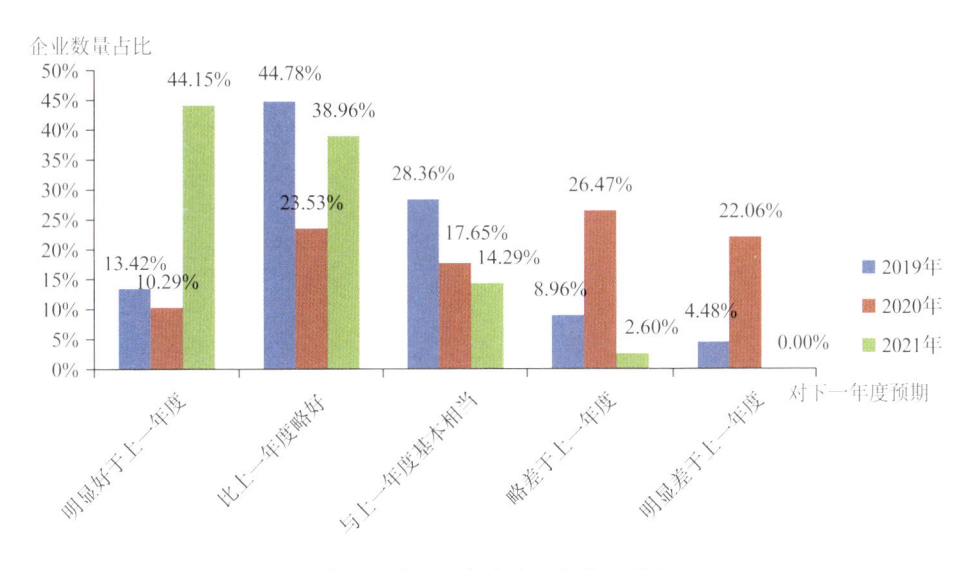

图 33　对下一年度的经营情况预期

二、柔性版印刷行业的环保现状

本次调研的样本量相比前两年增长幅度明显，尤其是增加了标签印刷企业样本。由于标签印刷企业的 UV 油墨使用量较大，因此油墨使用的占比情况与 2020 年的调研情况相比有一些差异。从调研数据看，水性油墨使用量占比约为 46.72%，UV 油

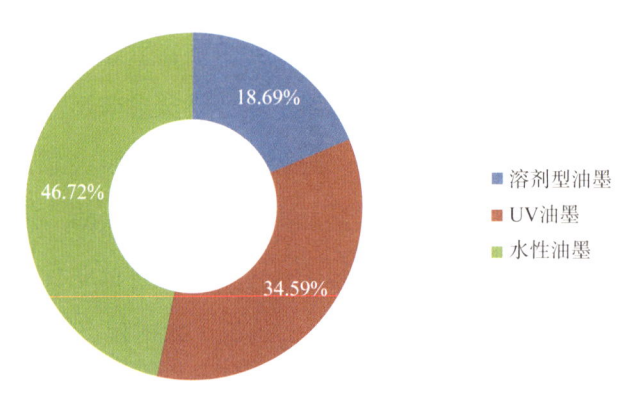

墨约为 34.59%，溶剂型油墨（醇溶剂油墨）约为 18.69%，如图 34 所示。

图 34　柔性版印刷油墨的应用比例

在各类柔性版制版工艺的洗版方式中，溶剂洗版（包括四氯乙烯洗版和环保型洗版）占比最高（80.62%），其中四氯乙烯洗版约为 34.52%，比上一年度下降了 6.01%；而环保型洗版约为 46.10%，比上一年度上升 1.27%。水洗版、液态制版、橡胶直雕制版和热敏洗版等各种新型环保制版方式合计占比约 19.38%，其中液态制版方式约为 15.19%，大幅上升 7.86%；水洗版约为 3.19%，如图 35 所示。

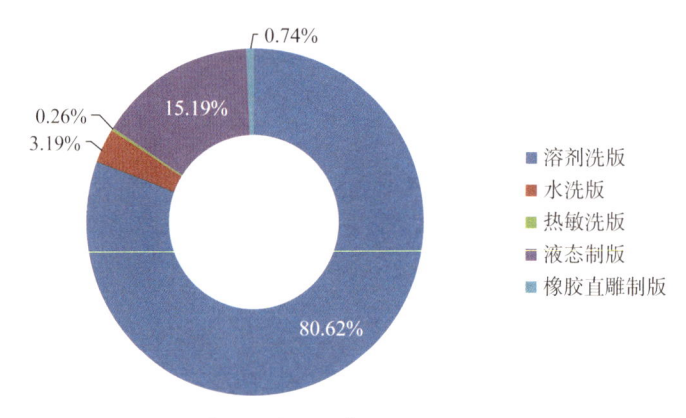

图 35　洗版方式的应用比例

调查的印刷企业和制版企业中，在环保设备的应用情况方面，废水、废气处理和溶剂回收设备安装率普遍较高，如图 36 所示。其中约 78.75% 的印刷企业和 65.79% 的制版企业安装了 VOCs 处理设备；72.50% 的印刷企业和 28.95% 的制版企业安装了废水处理装置；15.00%的印刷企业和63.16%的制版企业安装了溶剂回收装置；23.75%的印刷企业和31.58%的制版企业进行了灯光节能化技术改造；23.75%的印刷企业和21.05%的制版企业进行了设备节能化技术改造；22.50%的印刷企业和10.53%的制版企业进行了厂房节能化技术改造；26.25%的印刷企业在源头采购和过程控制中实施了环保化措施等。

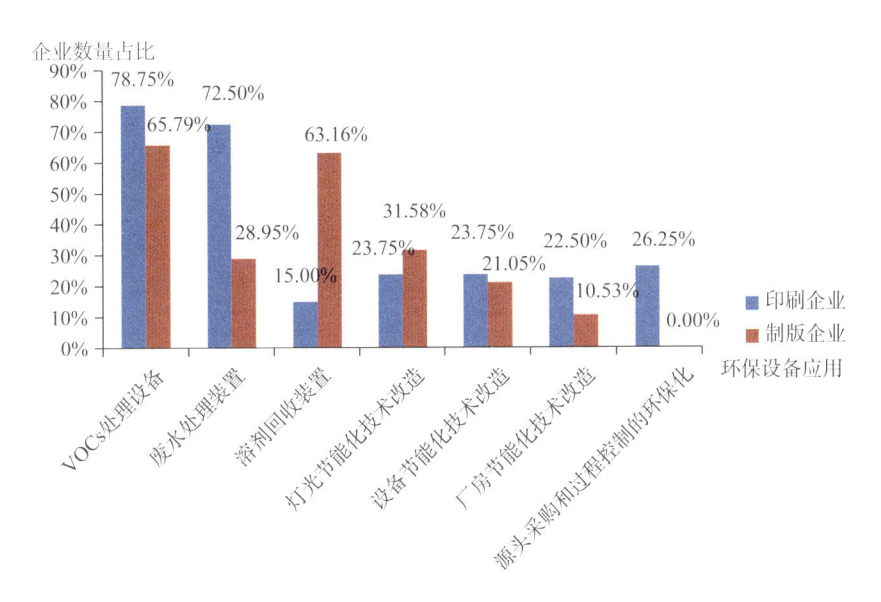

图36　环保设备的应用情况

三、智能化应用情况

  智能化是印刷数字化和自动化发展的更高阶段，可以在很大程度上提高企业运营效率，降低综合成本，使企业在市场竞争中获取更多优势，同时也是企业加快科技创新，实现高质量、可持续发展的必由之路。而印刷过程的标准化、数字化、自动化及精益管理等是实现印刷智能化的前提条件和必要基础。

  本次调研对柔性版印刷企业主要设备的智能化功能、管理信息化系统应用、标准化应用及智能化车间等情况进行了初步调查。

在主要设备的智能化功能方面，约 62.34% 的设备具备远程诊断和维护功能，约 51.04% 的设备具备状态监控和自检功能，约 48.05% 的设备具备视觉识别功能，约 47.65% 的设备具备远程通信功能，如图 37 所示。

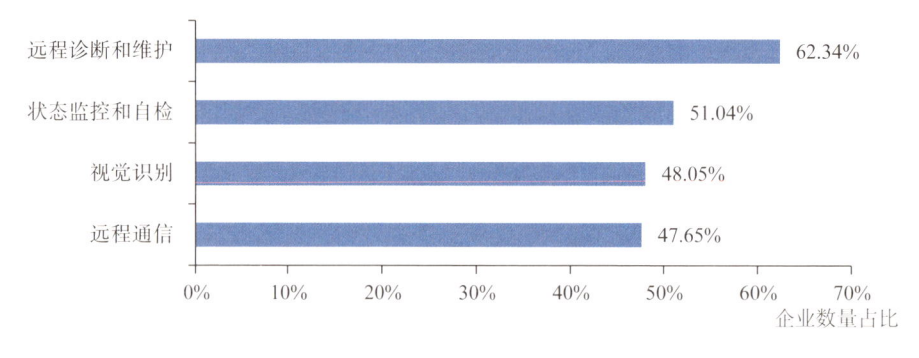

图 37 主要设备的智能化基础功能情况

在管理信息化系统应用方面，大部分企业（约 73.12%）应用了 ERP（企业资源管理系统），36.36% 的企业应用了 OA（办公自动化系统），23.38% 的企业应用了 MES（制造执行系统）。而采用 WMS（仓库管理系统）、CRM（客户关系管理系统）、SCM（供应链管理系统）、SCADA（数据采集与监控系统）和 PLM（产品生命周期管理系统）的企业分别约为 20.78%、15.58%、15.58%、9.09% 和 6.49%，如图 38 所示。

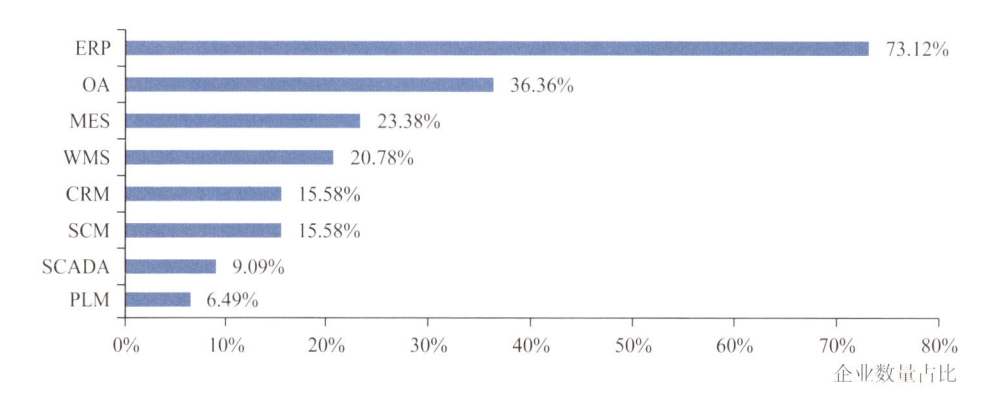

图 38 柔性版印刷企业的管理系统应用情况

在标准化应用方面，印刷企业实施了设备操作标准化和印刷过程质量控制标准化的比例分别约为 73.12% 和 70.52%，实施了设备维护保养标准化和运行管理标准化的比例分别约为 64.94% 和 52.34%，如图 39 所示。

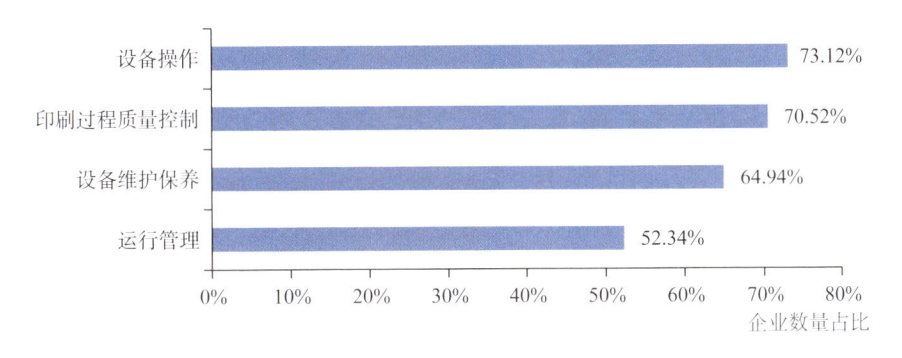

图 39　柔性版印刷企业的标准化应用情况

在智能化车间方面，能够运用条码或智能标签进行生产追溯的企业约为 48.75%，设备与信息系统之间能够进行一定连接通信的企业约为 33.75%，能够进行工时自动统计的企业约为 25.25%，能够进行设备与设备之间的连接通信的企业约为 21.50%，能够进行自动报产的企业约为 20.00%，能够进行质量数据自动采集的企业约为 13.25%，应用了包含 AGV（自动导引运输车）等物流智能分拣设备的企业仍然较少，仅约为 2.75%，如图 40 所示。

图 40　柔性版印刷企业的智能化车间实施情况

制约企业智能化的主要瓶颈问题从高到低依次是：数字化、自动化、标准化基础薄弱；设备改造、软件购置等资金投入巨大；智能化人才缺乏；管理精细化程度不够；市场上缺乏性价比高、便捷性好的智能化设备；无成功案例可以借鉴。具体情况如图41所示。

项目	占比
数字化、自动化、标准化基础薄弱	45.00%
设备改造、软件购置等资金投入巨大	45.00%
智能化人才缺乏	32.50%
管理精细化程度不够	31.25%
市场上缺乏性价比高、便捷性好的智能化设备	20.00%
无成功案例可以借鉴	13.75%

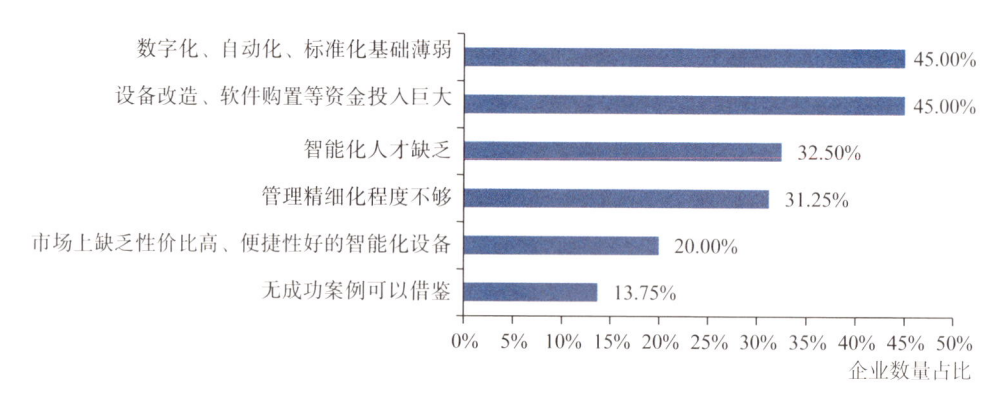

图41　印刷智能化的主要瓶颈问题

在印刷智能化实施过程中遇到的具体困难，从高到低依次为生产过程自动化程度不够；生产流程数字化程度不够；管理系统集成化困难；生产过程标准化程度不够；印刷设备间互联互通困难；仓储物流自动化、智能化程度不够；互联网/云计算/大数据的融合困难；业务数字化与网络化程度不够。具体情况如图42所示。

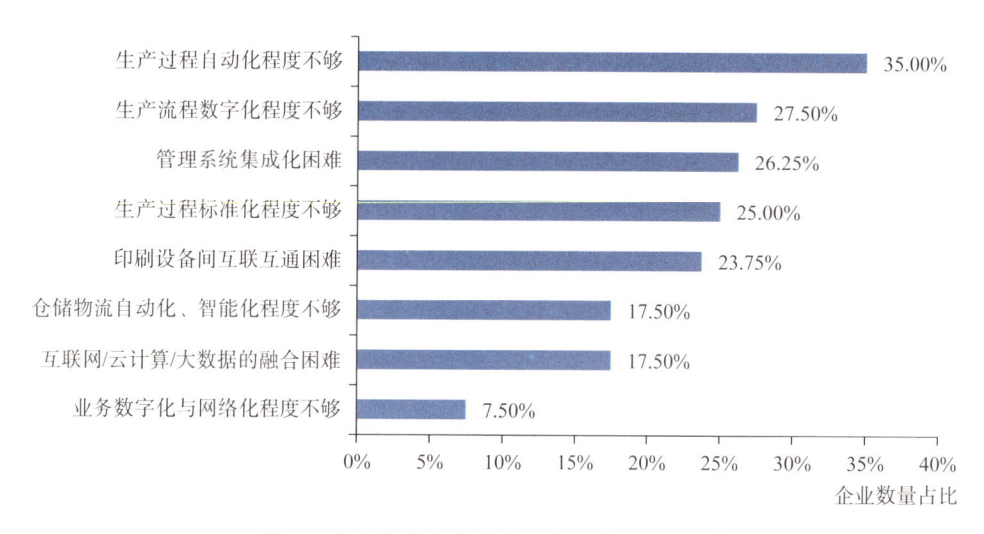

项目	占比
生产过程自动化程度不够	35.00%
生产流程数字化程度不够	27.50%
管理系统集成化困难	26.25%
生产过程标准化程度不够	25.00%
印刷设备间互联互通困难	23.75%
仓储物流自动化、智能化程度不够	17.50%
互联网/云计算/大数据的融合困难	17.50%
业务数字化与网络化程度不够	7.50%

图42　印刷智能化实施过程中遇到的具体困难

从本次调研中可以发现，在印刷智能化实施过程的具体困难中生产自动化程度不够排在第一位，不难看出我国柔性版印刷的智能化仍然处在初级阶段，离真正意义上的智能印刷还相距甚远。

四、发展前景及存在的问题

（一）发展前景

随着柔性版印刷新技术、新工艺、新材料的应用，以及印刷机精度、自动化和智能化程度的提高，柔性版印刷质量显著提升，开始步入高品质印刷工艺的行列，其质量可以与胶印和凹印相媲美。特别是随着柔性版印刷水性油墨在薄膜类承印物上工艺的成熟和国家环保管控力度的加强，将极大地推动柔性版印刷在软包装印刷市场的应用，从而进一步推动我国柔性版印刷市场的整体快速发展。

通过调查发现，要实现我国柔性版印刷市场份额的突破性发展，除继续巩固并扩大其在瓦楞纸箱、无菌液体包装、纸杯纸袋、餐巾纸、无纺布等领域的优势地位，稳步扩大在标签印刷和折叠纸盒印刷的市场份额外，同时还要进入软包装印刷市场，尤其是与食品直接接触的密实袋和自立袋等。

调查结果显示，调研企业认为我国柔性版印刷细分领域中增长最快的市场依次为复合软包装、薄纸（纸袋/食品包装）、标签印刷、软包装表印、瓦楞纸预印、工业包装（纸袋、FFS重包装袋）、厚纸（纸杯/纸碗/纸盒）、无纺布、液体无菌包、墙纸及其他等，如图43所示。

在连续三年的调查中，软包装、薄纸（纸袋/食品包装）和标签印刷均被认为是柔性版印刷未来发展最快的细分领域。

类别	平均综合得分
复合软包装	6.9
薄纸（纸袋/食品包装）	5.37
标签印刷	4.47
软包装表印	3.93
瓦楞纸预印	2.7
工业包装（纸袋、FFS重包装袋）	2.55
厚纸（纸杯/纸碗/纸盒）	2.36
无纺布	2.03
液体无菌包	2
墙纸	0.93
其他	0.14

图 43 我国柔性版印刷细分领域中增长最快的市场

注：图中横坐标为选项的平均综合得分，由问卷系统根据所有填写者对选项的排序情况自动计算得出。它反映了选项的综合排名情况，得分越高表示综合排序越靠前。

（二）存在的问题

制约行业发展的主要因素如图 44 所示。调研企业普遍认为专业技术人才短缺是制约行业发展的第一影响因素，专业技术人才短缺已连续两年排名制约影响因素第一位。

此外，生产成本、印刷质量、生产过程标准化、精益化管理、生产过程自动化分别位列第二至第六。其中，生产成本、印刷质量和生产过程标准化也连续三年被认为是主要的制约因素。位列第七、第八的影响因素分别是生产效率和生产过程智能化。

在进一步的调研中，影响成本的主要因素如图 45 所示。其中人工成本位列第一，版材、制版成本与纸张/薄膜等材料成本分别位列第二和第三，设备投入、网纹辊等配套部件成本以及油墨成本等分别位列第四至第六。

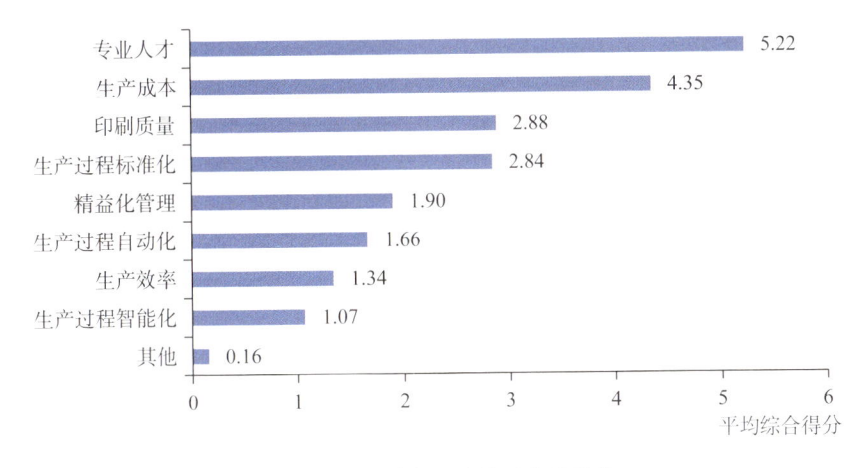

图 44 制约行业发展的主要因素

注：图中横坐标为选项的平均综合得分，由问卷系统根据所有填写者对选项的排序情况自动计算得出。它反映了选项的综合排名情况，得分越高表示综合排序越靠前。

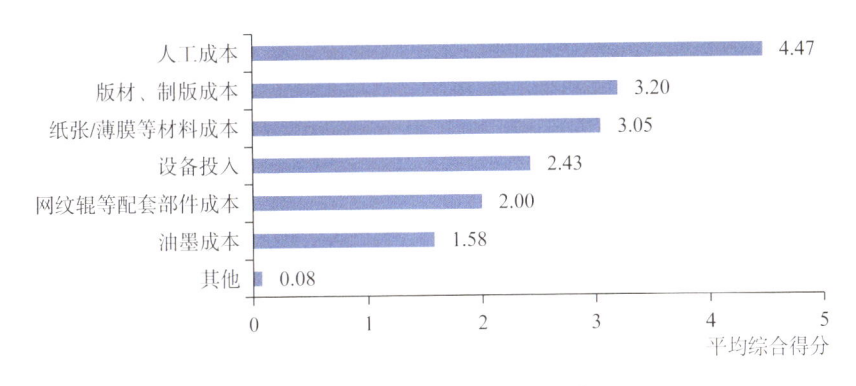

图 45 影响成本的主要因素

影响印刷质量的主要因素如图 46 所示。其中，印版的印刷表现、印刷工艺及其标准化和水性油墨在薄膜上的适印性等对印刷质量影响较大，分别位列前三。制版线数及加网技术、印刷设备稳定性和网纹辊线数及其匹配性等也是影响印刷质量的重要因素，依次位列第四至第六。

影响因素	平均综合得分
印版的印刷表现	3.03
印刷工艺及其标准化	2.95
水性油墨在薄膜上的适印性	2.93
制版线数及加网技术	2.65
印刷设备稳定性	2.32
网纹辊线数及其匹配性	1.95
其他	0.28

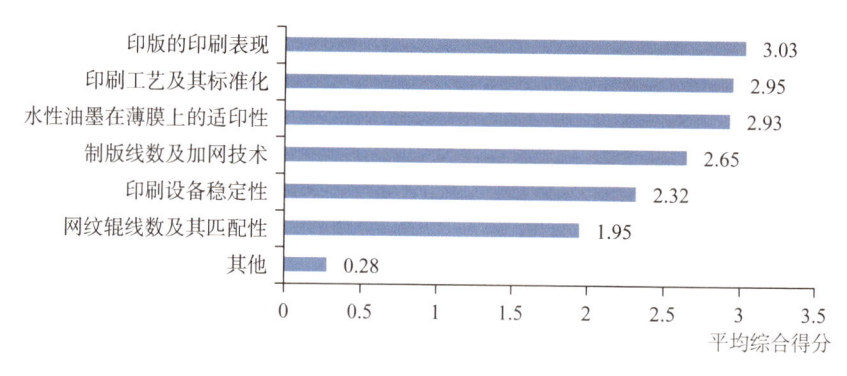

图 46　影响印刷质量的主要因素

对于制约我国柔性版印刷发展的核心技术，印前处理技术、高端装备、高性能版材国产化、适合薄膜印刷的水性油墨、套筒国产化技术等位居前列，如图47 所示。

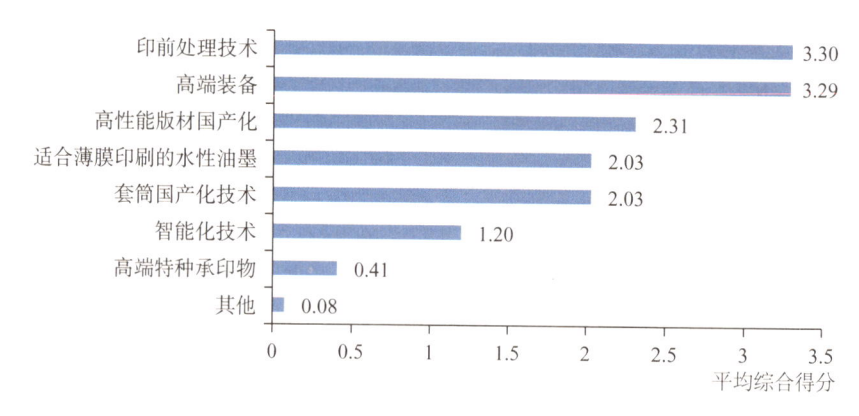

核心技术	平均综合得分
印前处理技术	3.30
高端装备	3.29
高性能版材国产化	2.31
适合薄膜印刷的水性油墨	2.03
套筒国产化技术	2.03
智能化技术	1.20
高端特种承印物	0.41
其他	0.08

图 47　制约我国柔性版印刷发展的核心技术

五、结论与建议

（一）基本结论

1. 柔性版印刷继续保持快速发展的势头

在新冠病毒肺炎疫情的影响下，人们的生产和生活方式发生了很大的变化，印刷业也受到了明显冲击，全球印刷业规模出现一定程度的萎缩。纵观2020年，我国的印刷行业发展也承受了下行压力，内部正在发生深刻变化，产业结构持续调整升级。其中，柔性版印刷服务的包装装潢印刷业经受住了疫情的冲击和严峻考验，可以说是"危"中有"机"。

经过多年的不懈努力，柔性版印刷的绿色环保性已经深入人心。2018年10月1日起实施的国家环境保护标准HJ371—2018《环境标志产品技术要求 凹印油墨和柔印油墨》对于绿色环保的柔性版印刷而言是巨大的发展机会，尤其对于使用水性油墨和UV油墨印刷的柔性版印刷而言更是如此。

调研结果表明，柔性版印刷水性油墨的应用比例逐步扩大，UV油墨也向更加节能环保的LED-UV油墨迅速转换。除此之外，柔性版印刷企业贯彻"源头替代、过程控制、末端治理"并重的原则，在印刷原辅材料源头采购的绿色化措施、制版工艺、废水和废气处理、溶剂回收、设备和厂房节能化改造等方面都有显著进步，柔性版印刷在全生产流程中正变得更加绿色低碳。在抗击疫情的过程中，柔性版印刷凭借其绿色环保和安全可靠的水性油墨印刷工艺，成为医用防护服和医疗器械等的包装印刷，甚至口罩等防疫物资的首选印刷方式，进一步拓展了其应用领域。

数据显示，调研企业的柔性版印刷业务年平均增长率约为13.50%，虽然与2019年的增速（19.6%）相比有所回落，但仍保持了较高的增长率。随着我国新冠病毒肺炎疫情得到有效控制，调研企业普遍对2021年的经营预期持乐观态度，有信心恢复到或超过疫情前的预期水平。

2. 新技术的应用推动了柔性版印刷质量的提升

随着近年来柔性版版材、制版、印刷设备、油墨、印刷工艺、废水废渣处理等技术的进步，以及各种高分辨率网点再现技术的推陈出新，柔性版印刷在越来越符合国家环保政策和印刷业绿色发展方向的同时，产品印刷质量也大幅度提升，步入高品质印刷行列。比如各种高线数加网与制版、自带平顶版材、高线数陶瓷网纹辊、高性能水性油墨、全伺服控制的高精度柔印设备、在线质量检测与调整技术等均有显著提升。

我国在印前技术、印刷与制版设备、版材、油墨、辅料、耗材等整个产业链上均已达到或接近国际先进水平，为柔性版印刷推广提供了良好基础。在柔性版印刷分会举办的第十二届柔印产品质量展评活动中征集到的产品也证明了这一点，其中许多优秀产品均在国产柔印设备上印刷完成。

在各种印刷品中，对标签印刷质量的要求相对较高。在刚刚公布的2019年世界标签大奖的获奖名单中，来自我国的5家标签印刷企业榜上有名，其中2个作品（均为酒类标签）完全采用了柔性版印刷工艺，柔印产品占获奖比例的40%。这也反映出柔性版印刷质量在标签领域已达到相当高的水平，得到业界的高度认可。

3. 软包装、纸类包装和标签印刷是未来发展较快的应用领域

除了瓦楞纸后印以外，软包装、纸类包装和标签印刷是柔性版印刷最重要的应用领域。在连续三年的调查中，软包装、纸类（纸袋/食品包装）和标签印刷均被认为是柔性版印刷未来发展较快的细分领域。

目前柔性版印刷已经广泛应用到日用化工、休闲食品、个人卫生用品等包装领域，呈现出稳步增长态势。在食品、饮料、药品等卫生条件要求严格的包装印刷产品中，柔性版印刷无疑具有很强的竞争优势。柔性版印刷，尤其是柔性版水性油墨印刷，消除了油墨中有毒和有害物质对人体的危害。一方面，在印刷过程中最大限度地减少VOCs（挥发性有机化合物）的排放，防止大气污染，大大改善印刷作业环境，保障从业者的身体健康。另一方面，可以避免印刷品表面有害物质及气味残留，有效保障食品和药品的包装安全。

正是得益于其健康卫生、绿色环保和高效的优势，柔性版印刷在无菌液体包装、纸杯纸袋、餐巾纸印刷等领域已逐渐占据优势地位，并且在透气膜、无纺布印刷领域也得到快速增长。而随着柔性版印刷水性墨在薄膜等非吸收性承印物上印刷适性的不断提高，其在软包装领域的应用空间巨大。

在标签印刷领域，尽管凸版印刷仍然占有较高的比重，但是柔性版印刷凭借其高效率、高品质、适合多工艺组合印刷等优势，未来仍将有很大的增长空间。

4. 专业人才短缺是制约柔印行业发展的第一影响因素

当前，印刷业普遍存在招工难、用工贵以及人才短缺严重等问题。调研发现，专业人才短缺已经连续两年成为制约柔印行业发展的第一影响因素。同时，用工成本的不断上升也是企业成本增加的重要因素。

近年来，我国柔性版印刷持续快速发展，印刷业的产业结构发生着深刻变化，出现了对柔性版印刷专业人才的大量需求。由于柔性版印刷工艺的独特性，原来的平版胶印和凹印专业人才不能达到柔性版印刷专业要求，需要进行较长时间的培训和培养，尤其在印刷机操作、印前制作和技术专业管理等岗位缺口很大。尽管部分大专院校针对这一状况，在专业设置和培养方案上进行了一些相应调整，但还远不能满足行业发展的人才需要。

（二）几点建议

1. 继续加强政策引导，强化推动和落实力度

进一步抓实抓细各项延续税费优惠政策的落实，并出台更多新的税费优惠政策，服务构建以国内大循环为主体、国内国际双循环相互促进的新发展格局。同时，持续推动绿色化发展，进一步抓好各项政策、法律法规和标准的推动和落实，贯彻国家新闻出版署、国家发展和改革委员会等五部委《关于推进印刷业绿色化发展的意见》，促使印刷业调整优化产业结构，加强政策引导，建立柔性版绿色印刷示范工程，推广示范企业的成功经验，积极构建低碳高效的印刷标准体系，提高国家环境保护标准的执行力，倒逼柔印油墨生产企业加大生产研发力度，生产出更多符合该标准的产品，加强印刷污水和废渣处理的研究，推广已取得成效的成果应用，实现印刷行业碳达峰和碳中和的战略目标。

2. 加强柔性版印刷专业人才培养，提供足够的人力资源

随着柔性版印刷行业的快速发展，专业人才短缺的问题已十分突出，专业人才短缺已然成为影响柔性版印刷行业发展的主要制约因素之一，培养更多合格的专业人才是保证柔性版印刷行业持续、快速发展的关键所在，应加大相关专业人才的培养力度和资金投入。尽快建立和完善大专院校柔性版印刷专业（方向）建

设与课程设置，引进和编写分层次的专业培训教材；积极开展职业技能培训和竞赛活动，将相关培训纳入政府的培训补贴范围，提高企业职工的业务能力和技术水平。形成多层次的柔性版印刷产业技术人才培养体系，为柔性版印刷行业的发展提供充分的人力资源，这需要院校和行业企业紧密合作，共同担负起培养柔性版印刷专业人才的责任。

3. 深入推进柔性版印刷走智能化发展

实现印刷智能化的前提条件和必要基础是印刷过程的数字化、自动化、标准化以及精益管理等。调研中发现，虽然大部分柔性版印刷企业在设备操作、过程质量控制、设备维护保养和运行管理方面均实施了不同程度的标准化，也引入了ERP（企业资源管理系统）软件，具备了一定的标准化和数字化基础，但各项标准化的程度千差万别。能够实现设备与设备、设备与信息系统之间交互通信的企业数量较少，还存在大量信息化和自动化孤岛，能够进行自动报产、质量数据自动采集、车间物流智能分拣的企业比例更低，我国柔性版印刷的智能化仍然处在初级阶段，与真正意义上的智能印刷还相距甚远。实施智能化是一项非常艰巨的任务，需要予以高度重视，加大研发投入，积极引导企业智能化建设，培育一批数字化、网络化、智能化发展标杆企业，推进柔性版印刷走智能化发展之路。

第二部分
行业产业报告篇

本部分包含了柔性版印刷机、柔印油墨、柔性版标签印刷三个方面的产业报告，是对主报告的重要补充。这三个报告与主报告既相互独立，又密切联系，是不可分割的整体。

《2016—2020年中国柔性版印刷机市场销售情况调查报告》采用文献分析、企业调研、专家咨询等调研方式，对我国"十三五"期间的机组式和卫星式柔性版印刷机市场销售情况做了统计分析，在对我国柔性版印刷机制造企业的技术发展以及市场应用情况进行深入剖析的基础上，得出一些趋势性的重要结论。

《2021年中国柔印油墨产业发展报告》根据中国日用化工协会油墨分会提供的数据，以及中国海关总署公开发布的油墨进出口数据，结合最新的柔印油墨生产企业调查数据进行分析，对我国柔印油墨产业在过去五年内的持续发展情况进行阐述，并为油墨企业的科技创新和行业环保改造等提出指导性发展建议。

《柔性版印刷在标签领域的应用和发展报告》通过对我国标签行业进行较为广泛的调研，从问卷数据着手重点阐述了柔性版印刷标签行业的发展现状，在对其面临挑战等进行深入分析的基础上，对标签行业未来发展趋势和应对举措等提出了有价值的参考意见。

受限于行业调查条件和编者水平，其中不足之处，敬请读者批评指正。

2016—2020年中国柔性版印刷机市场销售情况调查报告

施建屏　金琳

2016—2020年正值我国"十三五"规划时期,在此期间印刷行业积极实施绿色印刷,努力贯彻我国"节约资源和保护环境"基本国策,加快推进全行业生态文明建设。国家新闻出版广电总局印发的《印刷业"十三五"时期发展规划》提出贯彻"创新、协调、绿色、开放、共享"五大发展理念,推动我国印刷业加快"绿色化、数字化、智能化、融合化"发展,实现由印刷大国向印刷强国的初步转变,明确提出了"坚持绿色发展道路,增强绿色印刷实效"的重点任务。在此期间,政府通过采用政策引导、法规标准规范、监管督查等多种措施,在环境保护方面取得了很大的进步,整个印刷产业链也积极地按照"源头治理、过程控制、末端治理"的方针前进。回顾"十三五"期间,我国柔性版印刷产业的发展势头强劲,这与中国印刷业贯彻"节约资源和保护环境"基本国策和国家的各项政策支持分不开,这些法规和政策对绿色柔印发展起到了指导和推动作用。

本报告采用文献分析、企业调研、专家咨询等调研方式,对我国"十三五"期间的柔性版印刷机市场销售情况做统计分析。柔性版印刷机按照滚筒排列方式,可以分成机组式、卫星式和层叠式三种类型,其中前两种生产效率较高,对制造的要求比较高,因此本报告只对机组式和卫星式柔性版印刷机的销售情况进行分析。

一、对本报告的几点说明

（1）本报告中机组式柔性版印刷机装机量的数据来源于《印刷技术》杂志的年度"'柔性版印刷在中国'装机量调查报告"，统计数据的时间段为2015年7月1日至2020年6月30日。调查和统计的地域范围是销售到中国内地市场的机组式柔性版印刷机，不包括销售到中国香港特别行政区、中国澳门特别行政区、中国台湾省，以及出口市场的机组式柔性版印刷机。

（2）本报告中卫星式柔性版印刷机销售情况的数据来源于中国印刷技术协会柔性版印刷分会历年所做的"中国卫星式柔性版印刷机销售情况调查"，统计数据的时间段为2016年1月1日至2020年12月31日。调查和统计的地域范围是销售到中国内地的幅面在800mm以上的中宽幅卫星式柔性版印刷机。

（3）层叠式柔性版印刷机以及用于涂布上光的单色柔性版印刷机组未在统计分析范围之内，单色或双色的卫星式柔性版印刷机未在统计分析范围之内。

（4）本报告中柔性版印刷机进出口数据来自海关商品编码8443160090"其他苯胺印刷机（柔印机，用品目8442项下商品进行印刷的机器）"的数据，其中还包含有全轮转商标印刷机、纸管印字机、简易印刷机、柔性版印刷用贴版机、无纺布袋印刷机、数控丝带印刷机、印刷机用空压机、晒版机、高速全自动印刷开槽模切机、凸版印刷机及版辊等的进出口数据。因此，会出现柔性版印刷机的出口数量很多，而平均单价很低的情况。

二、2016—2020年机组式柔性版印刷机的装机情况

（一）2016—2020年中国市场机组式柔性版印刷机装机情况

1. 机组式柔性版印刷机装机总量分析

2015年7月1日至2020年6月30日，共有1121台全新的机组式柔性版印刷机在中国内地投入使用。基于个别供应商对前两年装机数据的重新提供和补

充，近 5 年中国机组式柔性版印刷机装机量实际每年实现增量均超过 200 台，中国内地机组式柔性版印刷机装机量及增长率情况见图 1，在近 5 年的 1121 台装机量中，国产机为 987 台，占 88.05%；进口机为 134 台，占 11.95%，国产与进口设备装机量及占比情况详见图 2 和图 3。

图 1　2016—2020 年中国内地机组式柔性版印刷机装机量及增长率

图 2　2016—2020 年国产机组式柔性版印刷机装机量及占比

图 3　2016—2020 年进口机组式柔性版印刷机装机量及占比

2. 国内外品牌机组式柔性版印刷机情况分析

从国产品牌装机量的排名来看，潍坊东航以 390 台的成绩稳坐"头把交椅"，其近 5 年的装机量占机组式柔性版印刷机同期装机总量的 34.79%，占国产机同期装机总量的 39.51%；青州意高发紧随其后，5 年装机量为 369 台，占同期装机总量的 32.92%，占国产机同期装机总量的 37.38%；浙江炜冈 2016 年开始进入该市场，目前排在第三位，5 年装机量为 270 台，占同期装机总量的 24.09%，占国产机同期装机总量的 27.36%。详细数据见表 1 和图 4。

从进口品牌来看，在装机量方面，排名第一的是捷拉斯，5 年装机量为 40 台，领先于其他进口品牌，其同期装机量占机组式柔性版印刷机 5 年装机量的 3.57%，占进口机同期装机量的 29.85%；排名第二的是博斯特佛罗伦萨（原基杜），5 年装机量为 39 台，其同期装机量占机组式柔性版印刷机 5 年装机量的 3.48%，占进口机同期装机总量的 29.1%；麦安迪排名第三，5 年装机量为 32 台，占 5 年装机量的 2.85%，占进口机同期装机量的 23.88%，详细数据见表 1 和图 4。

表1 部分供应商国内装机量一览表 单位：台

销售厂商	品牌	2016	2017	2018	2019	2020	合计
美国联合	麦安迪	6	10	9	5	2	32
博斯特佛罗伦萨（原基杜）	博斯特（基杜）	0	10	9	5	5	29
捷拉斯	捷拉斯	8	8	9	9	6	40
纽博泰	纽博泰	4	—	2	1	—	7
欧米特	欧米特	1	7	7	7	4	26
潍坊东航	东航	76	81	76	77	80	390
青州意高发	意高发	85	74	79	69	62	369
浙江炜冈	炜冈	0	52	60	52	54	218
上海施潘德	Spande	2019年起产品进入中国市场				10	10
年度合计		180	242	251	225	223	1121

注：Spande 于 2019 年起产品进入中国市场。

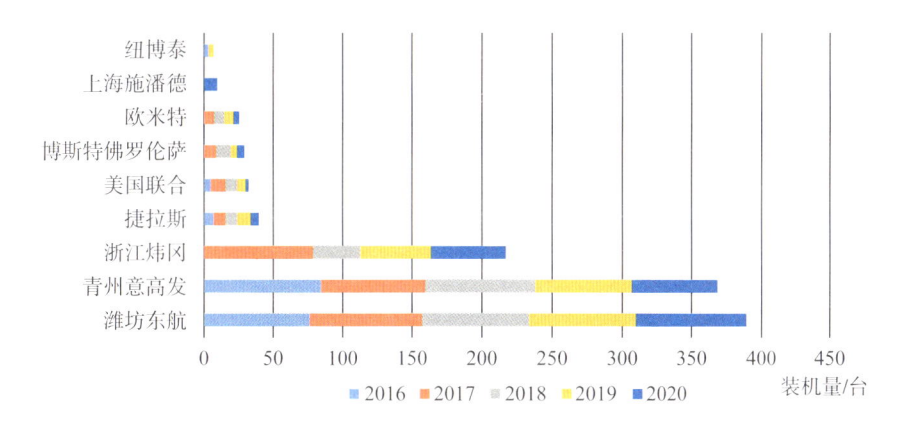

图4 2016—2020年部分供应商国内装机量及增量排序

注：博斯特佛罗伦萨（原基杜）因故未参与2016—2017年的调查，2018年该供应商重新参与，并提供了这两年的装机量（10台）。浙江炜冈于2015年开始推出机组式柔性版印刷机，未参与2016—2017年的调查，2018年该供应商首次参与，并提供了2016年和2017年的装机量（52台）。因此，此数据中有52台计算到2017年国产机"当年销售量"中，10台计算到2017年进口机"当年销售量"中。

（二）2016—2020 年中国机组式柔性版印刷机装机区域分布情况

1. 机组式柔性版印刷机全国各省市装机量情况分析

根据 2016—2020 年中国内地机组式柔性版印刷机调查结果显示，从供应商有明确地区反馈的情况来看，5 年来 28 个省、自治区、直辖市有新机安装，西藏自治区装机量在 2019 年实现"零"的突破，而青海省、宁夏回族自治区和海南省没有新机安装。如表 2 所示，广东省以 163 台的装机量遥遥领先，占有明确地区分布的装机总量（963 台）的 16.93%，是当之无愧的"第一梯队"；位列第二的是浙江省，装机量为 153 台，占比为 15.89%；江苏省位列第三，装机量为 86 台，占比为 8.93%；山东省装机量迅速上升达到 83 台，占比为 8.62%；上海市装机量达到 78 台，占比为 8.10%。排在区域装机量最后 3 位的是宁夏、青海、海南，可能与这 3 个地区的环保压力较轻有一定关系。2020 年 12 月 1 日起，《海南经济特区禁止一次性不可降解塑料制品规定》开始实施，该省的柔性版印刷市场比例将会有新的变化。

装机增量方面，2016 年以来，广东省、浙江省、江苏省一直稳居装机增量前茅。在最近一次调查中，浙江省以 26 台的成绩拔得头筹，上海市以 16 台的成绩入围前三甲，江苏省 2020 年的装机量有所下降，其装机量为 8 台。值得注意的是，山东省（13 台）、福建省（10 台）增长势头也较猛。

表 2 2016—2020 年各省市装机量及排名

地区	2016 年	2017 年	2018 年	2019 年	2020 年	合计	排名
广东	37	23	45	36	22	163	1
浙江	22	26	38	41	26	153	2
江苏	16	20	23	19	8	86	3
山东	22	11	16	21	13	83	4
上海	11	8	27	16	16	78	5
安徽	12	12	20	16	4	64	6
河南	14	9	11	11	6	51	7
福建	6	8	11	14	10	49	8
湖北	5	11	11	11	5	43	9
河北	4	7	8	9	6	34	10

续表

地区	装机量/台						排名
	2016 年	2017 年	2018 年	2019 年	2020 年	合计	
四川	3	6	10	7	6	32	11
北京	3	3	11	1	1	19	12
湖南	4	6	2	4	2	18	13
天津	2	3	5	3	3	16	14
陕西	1	6	4	3	2	16	14
辽宁	3	1	0	2	1	7	16
吉林	2	2	1	1	1	7	16
新疆	2	1	3	1	0	7	16
江西	1	5	0	0	0	6	19
广西	1	3	0	1	1	6	19
云南	1	0	1	3	0	5	21
重庆	1	1	2	1	0	5	21
内蒙古	2	2	0	0	0	4	23
贵州	1	1	1	0	0	3	24
山西	1	0	0	2	0	3	24
黑龙江	2	0	0	0	0	2	26
甘肃	0	0	1	1	0	2	26
西藏	0	0	0	1	0	1	28
海南	0	0	0	0	0	0	29
宁夏	0	0	0	0	0	0	29
青海	0	0	0	0	0	0	29
合计	179	175	251	225	133	963	

2. 机组式柔性版印刷机三大印刷产业带装机量情况分析

将三大印刷产业带进行对比，2016—2020 年以广东为主体的珠三角地区装机量为 163 台，约占有明确地区分布的装机总量（963 台）的 16.93%；以上海、浙江、江苏为主体的长三角地区装机量为 317 台，占比为 32.92%；环渤海地区（北京、天津、山东、河北、辽宁）装机量为 159 台，占比为 16.51%。从整体来看，三大印刷产业带的装机量累计为 639 台，占有明确地区分布的装机总量的 66.36%。从以上数据可以看出，三大印刷产业带仍以绝对优势继续引领中国内地机组式柔性版印刷机市场的发展，尤其是长三角地区以 5 年 317 台装机量的成绩荣登三大印刷产业带装机增量之首，再次显示出了超强的发展潜力，详见图5和图6。

图5 机组式柔性版印刷机三大印刷产业带装机量情况

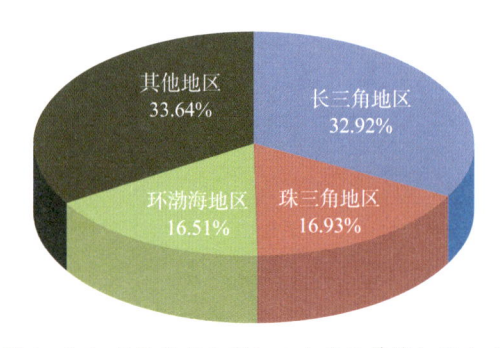

图6 机组式柔性版印刷机三大产业带装机量占比

3. 机组式柔性版印刷机七大地理区域装机量情况分析

从传统地理区域划分来看，2016—2020年五年内，华东地区（上海、江苏、浙江、安徽、江西、山东）仍然排在首位，装机量为470台（以浙江为首，153台），占比为48.80%；华南地区（广东、广西、海南、福建）装机量为218台（以广东为首，163台），占比为22.64%；华北地区（北京、天津、河北、山西、内蒙古）装机量为76台（以河北为首，34台），占比为7.89%；西南地区（重庆、四川、贵州、云南、西藏）装机量为46台（以四川为首，32台），占比为4.78%；

华中地区（河南、湖北、湖南）装机量为112台（以河南为首，51台），占比为11.63%；西北地区（陕西、甘肃、青海、宁夏、新疆）装机量为25台（以陕西为首，16台），占比为2.60%；东北地区（黑龙江、吉林、辽宁）装机量为16台（辽宁、吉林均为7台），占比为1.66%。国内各地区装机量如图7和图8所示。

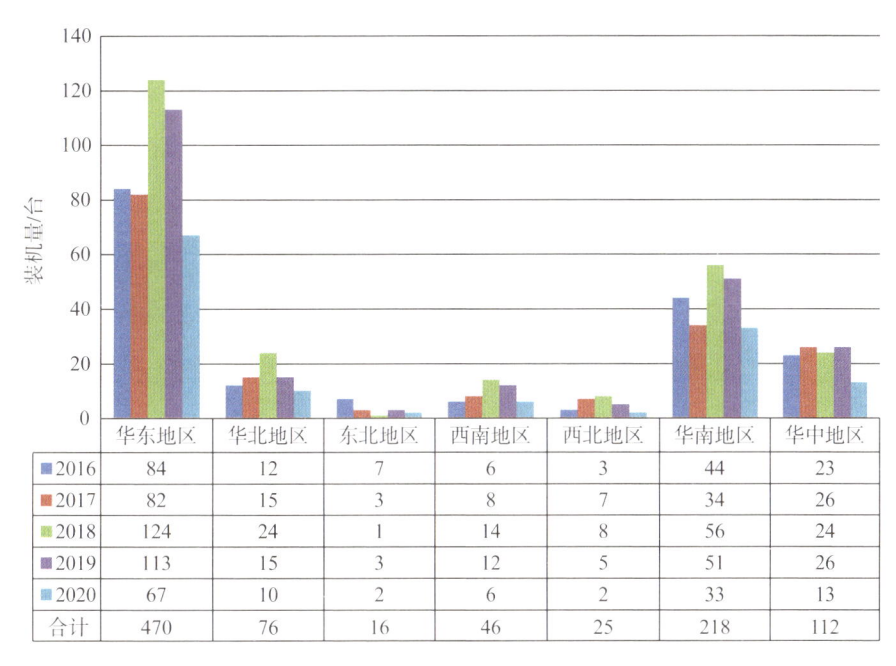

	华东地区	华北地区	东北地区	西南地区	西北地区	华南地区	华中地区
2016	84	12	7	6	3	44	23
2017	82	15	3	8	7	34	26
2018	124	24	1	14	8	56	24
2019	113	15	3	12	5	51	26
2020	67	10	2	6	2	33	13
合计	470	76	16	46	25	218	112

图7　机组式柔性版印刷机七大地理区域装机量

图8　机组式柔性版印刷机七大地理区域装机量占比

调查数据反映的结果也与多家柔性版印刷机供应商的观点一致，其认为华东地区与华南地区是过去五年柔性版印刷市场增长最快的地区，主要是由于这些地区的印刷企业整体实力较强、终端客户集中、管理规范，并且对于柔性版印刷工艺的认可度较高。

三、2016—2020 年卫星式柔性版印刷机的销售情况

1. 2016—2020 年中国市场卫星式柔性版印刷机销售情况

2016 年 1 月 1 日至 2020 年 12 月 31 日，共有 306 台全新的卫星式柔性版印刷机在中国投入使用。2017 年起，中国卫星式柔性版印刷机连续四年实现销售超过 50 台，特别是 2020 年卫星式柔性版印刷机实现 100 台的突破性增量，销售量及增长率情况见图 9。其中，国产机为 291 台，占 95.10%；进口机为 15 台，占 4.90%，部分供应商国内销售量情况详见表 3 和图 10。

图 9 销售量及增长率

表3 部分供应商销售量 单位：台

销售厂商	品牌	2016年	2017年	2018年	2019年	2020年	合计
西安航天华阳	HY Flexo	18	27	21	22	32	120
瑞安昶弘	昶弘	3	11	22	24	44	104
广东欧格	OLGER	6	7	7	3	4	27
索玛机械	SOMA	1	2	1	3	4	11
嘉华行	Uteco	—	2	—	—	1	3
潍坊东航	东航	1	—	—	—	—	1
博斯特	BOBST	—	—	1	—	—	1
中山松德	SOTECH	2	3	不再生产卫星式柔性版印刷机			5
佛山伟塔	伟塔机械	2017年新建企业		3	4	5	12
杭州项淮	项淮	2018年后产品进入中国市场			11	11	22
合计		31	52	55	68	100	306

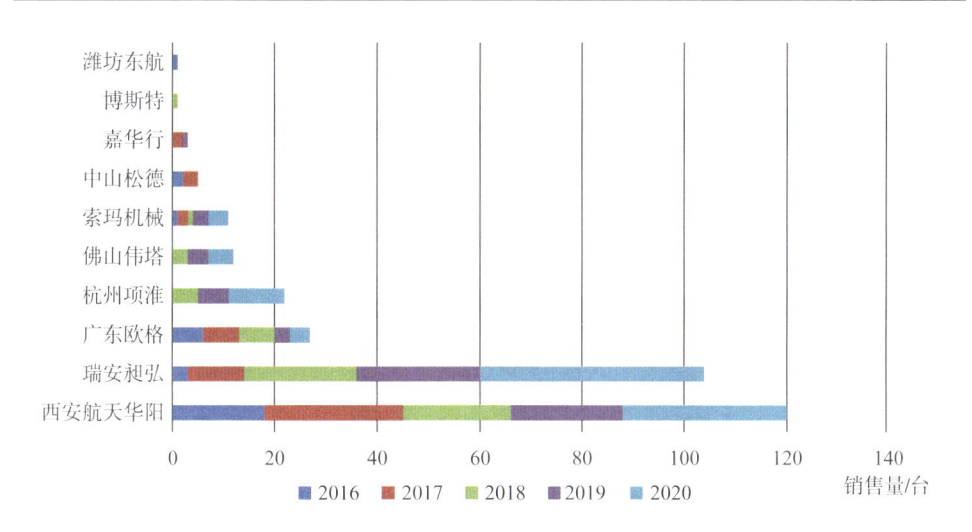

图10 部分供应商卫星式柔性版印刷机销售量排序

注：杭州项淮机械科技有限公司的卫星式柔性版印刷机是从2018年开始进入市场的，并未参与2018—2019年的调查，2020年该供应商首次参与，并提供了这两年的销售量数据（11台）。因此，此数据中有11台加进2019年国产机"当年销售量"中。

2. 国内外品牌卫星式柔性版印刷机情况分析

国产与进口设备销售量及占比情况详见图11。从近5年国产品牌销售量的排名来看，西安航天华阳以120台的成绩继续领先，其销售数量占卫星式柔性版印刷机同期销售量的39.22%，占国产机同期销售量的41.24%；瑞安昶弘排名第二，5年销售量为104台，占同期销售量的33.99%，占国产机同期销售量的35.74%；广东欧格排在第三位，近5年的销售量为27台，占同期销售量的8.82%，占国产机同期销售量的9.28%。

从进口品牌来看，在销售量方面，排名第一的是捷克索玛机械，近5年销售量为11台，领先于其他进口品牌，占卫星式柔性版印刷机5年销售总量的3.59%，占进口机同期销售量的73.33%；香港嘉华行（代理意大利Uteco柔性版印刷机）排名第二，销售量为3台，占5年销售总量的0.98%，占进口机同期销售量的20%；博斯特（原F&K）以1台的成绩排名第三，占5年销售总量的0.33%，占进口机同期销售量的6.66%。

图11 国产与进口设备销售量及占比

四、2016—2020 年中国市场柔性版印刷机的进出口情况

根据来自中国印刷及设备器材工业协会的 2016—2020 年每年所做的"国内印刷装备器材进出口贸易年度报告"的统计数据，可以清楚地看到国产中高档柔性版印刷机的制造技术并不能令国内柔性版印刷企业满意，尤其是标签印刷企业，进口柔性版印刷机数量每年保持在 60 台左右，进出口柔性版印刷机的数量及金额详细数据见表 4 和图 12。

表 4 进出口数据一览表

年份	进口柔性版印刷机 金额/万美元	进口柔性版印刷机 数量/台	出口柔性版印刷机 金额/万美元	出口柔性版印刷机 数量/台
2016	4688	64	4106	862
2017	4168	57	5568	3503
2018	3592	62	6328	1249
2019	2752	66	7318	1377
2020	4077	55	6395	4113

图 12 进出口柔性版印刷机金额

国产设备与进口设备相比，在人工智能、废料损耗、质量稳定性和印刷成品率上还存在差距，部分高端用户还是倾向于进口；而出口柔性版印刷机单台的售价仍然偏低，机组式和卫星式柔印机的技术能级、操作便利性、产品质量稳定性

还有待提高，国产品牌在国际上的发展还有很长的路要走，出口的市场比较大，但必须注意避免在国际市场上互相压低价格的恶性竞争出现。

五、结语

"十三五"时期之前，我国的柔性版印刷机制造业经历了从无到有，从小到大，从单一向多元，从低层次向高层次，从依赖进口到进口和国产并举，呈现出产业链完整、发展势头良好的局面。

"十三五"期间，绿色发展已成为国家发展战略，随着消费者对健康和安全重视程度的提高，中国柔性版印刷业迎来了绿色环保政策下良好发展条件的新时期。在政府部门和行业协会的指导推动下，国产高精度柔性版印刷机、制版机、网纹辊、油墨、版材等产业重要配套设备器材逐步国产化，并在市场中占据主导地位，产业链上下游在技术、工艺、材料、设备上的协作更加紧密，国内外不断创新的柔印新技术交流途径更为通畅。中国柔性版印刷机制造企业紧跟国际新技术的步伐，大量采用零速或高速自动换料卷、无轴传动与伺服控制、远程诊断与控制、封闭式墨腔装置、套筒式版辊和网纹辊、冷烫印、LED 紫外线光固化、全检式在线质量检测等技术，机组式柔性版印刷机柔印单元的滚枕结构排列和分切、模切、覆膜、烫金等连线加工技术被广泛接受。在"十三五"后期，赶超国际先进水平的应用 CCD 高速视觉智能分析系统来完成自动套准、自动压力调整技术也创造性地应用在国产设备上，表明国内柔性版印刷机制造企业大胆创新，在不断提高印刷效率和印刷质量同时，正在向数字化、智能化方向发展。

2021年是我国"十四五"规划的开局之年。从《2020中国柔性版印刷发展报告》来看，与设备制造有关的制约行业发展的主要因素是专业技术人才短缺、印刷质量有待提高、标准体系不成熟、进口柔性版印刷机价格高等，企业面临的主要困难有专业技术人才短缺、用工成本高、政策扶持力度不够等，这些都给柔性版印刷机制造企业的下一步技术创新指明了方向。智能化印刷是目前印刷行业发展的趋势，也是设备制造商提升技术水平的关键，还是设备制造商迫在眉睫的任务。

希望印刷机械制造企业和柔性版印刷企业合作探索智能化印刷设备，努力实现柔性版印刷生产从自动化向信息化转变，开发出更多的智能化设备，为我国从印刷大国迈向印刷强国做出应有的贡献。

我们预测，"十四五"期间柔性版印刷水性油墨在非吸收性基材上的应用将得到推广，柔性版印刷技术进军软包装和纸包装领域已成为行业有识之士的努力方向，我国柔性版印刷机市场必将继续保持良性的稳步增长态势。

2021年中国柔印油墨产业发展报告

尚玉梅　田全慧

2020年10月26—29日，中国共产党第十九届中央委员会第五次全体会议在北京举行，会议审议通过了《中共中央关于制定国民经济和社会发展第十四个五年规划和二〇三五年远景目标的建议》（以下简称《建议》），《建议》指出国家"十四五"规划基本延续"十三五"主体思想，更加强调科技创新对国家发展的战略意义，更加重视国内市场、畅通国内大循环。

2021年，全球经济受到新冠肺炎疫情影响，而中国的防疫工作卓有成效，成为全球唯一实现经济正增长的主要经济体。在此背景下国内的油墨行业发展随着经济的复苏稳步上升，根据2020年油墨行业的整体发展情况，结合柔印油墨生产企业开展深入调研，本报告进一步分析2020年我国柔印油墨产业发展的情况，从油墨产业的角度分析2020年中国柔性版印刷发展情况，并预测未来趋势。

对本报告的几点说明：

（1）本报告中油墨总体完成情况的数据来源于中国日用化工协会油墨分会。

（2）本报告关于我国油墨进出口情况的数据来源于中国海关总署统计数据。

（3）本报告除引用以上数据外，其他数据来源于上海出版印刷高等专科学校、中国日用化工协会油墨分会、中国印刷技术协会柔性版印刷分会共同发起的柔印油墨生产企业情况调查，以补充国家统计局提供油墨大类数据里缺少的柔印油墨数据，并对信息进行了对比、统计和分析。

（4）本次调研虽然对全国大部分柔印油墨生产企业的销售与生产数据进行了

收集与分析，但仍可能会有遗漏，希望在后续企业的反馈中可以不断完善与提升，也希望能有更多的企业参与调研，让相关的调查统计研究分析更具科学性。

一、近5年全国油墨行业完成情况

（一）油墨总体完成情况

中国日用化工协会油墨分会根据油墨行业统计信息专业组统计的数据得出，2019年我国油墨产量达76.80万吨，同比增长1.74%（见图1）。2020年第一季度行业受新冠肺炎疫情的影响严重，一季度油墨总产量同比下降18.08%，销售量同比下降21.12%。4月，受食品、医药、卫生等包装需求的快速增长，我国油墨行业生产迅速恢复。2020年，我国油墨行业大类产品产量约为77.50万吨，同比增长0.91%。

图1 2016—2020年全国油墨行业总产量

根据国家统计局数据，2020年"油墨及其类似产品制造"规模以上企业数量为359家，资产总计462.59亿元，较2019年增加10.15%；总销售收入为441.23亿元，较上一年下降2.69%；亏损企业41家，较2019年增加41.38%；亏损额为8570万元，较2019年下降43.53%。

（二）我国油墨进出口情况

2016—2020 年我国油墨行业进出口情况如表 1 所示。

表 1　2016—2020 年我国油墨进出口情况

年份		2016 年	2017 年	2018 年	2019 年	2020 年
油墨出口	出口量 / 吨	25563.90	27047.90	26596.00	26528.30	21565.50
	出口总额 / 万美元	11574.90	11334.90	11128.90	10600.80	9149.80
油墨进口	进口量 / 吨	18707.30	17436.00	16106.90	13140.20	10630.30
	进口总额 / 万美元	28117.10	31369.50	31604.30	28724.60	29518.40

2020 年油墨行业进出口总额为 3.87 亿美元，同比下降 1.67%，其中进口金额为 2.95 亿美元，同比增长 2.76%；出口总额为 0.92 亿美元，同比下降 13.69%。

二、调研统计信息成员企业统计结果

本报告的调研企业主要依托中国日用化工协会油墨分会、中国印刷技术协会柔性版印刷分会，主要调研的企业为两大协会主要油墨生产企业。

（一）调研统计信息成员企业的地域分布情况

如表 2 所示，本次调研企业的地域分布，按照印刷产业带划分为长三角产业带（包括上海、浙江、江苏、安徽）、珠三角产业带（包括广东）、环渤海产业带（包括北京、天津、河北、山东、辽宁），以及其他地区。本次共调研 27 家企业，其中珠三角产业带的企业占比为 40.74%，长三角产业带的企业占比为 22.22%，环渤海产业带的企业占比为 14.81%，其他地区企业占比为 22.23%。从调研企业分布看，本次调研的企业覆盖了全国各大区域，珠三角产业带柔性版油墨企业较多。同时在中国日用化工协会油墨分会 2020 年全国油墨企业产量排名前十的企业列表里，珠三角产业的企业占比也超过 40%。综合统计数据，柔印油墨生产企业在珠三角产业区域分布较集中。

表 2 调研企业地域分布情况

调研企业分布区域	占比 /%
长三角产业带	22.22
珠三角产业带	40.74
环渤海产业带	14.81
其他地区	22.23

（二）企业规模分析

本次调研从企业性质与企业人数分析企业的规模（产量或销售收入是企业规模的重要指标），调研的企业性质占比情况如图 2 所示，其中 76.91% 的企业为民营企业，7.69% 的企业是外资企业，3.85% 的企业为上市公司，3.85% 的企业为港、澳、台资企业，3.85% 的企业为合资企业，3.85% 的企业为国有企业。从本次的调研样本企业数据，结合中国日用化工协会油墨分会会员企业的数据分析，油墨生产企业中民营企业占了大多数。

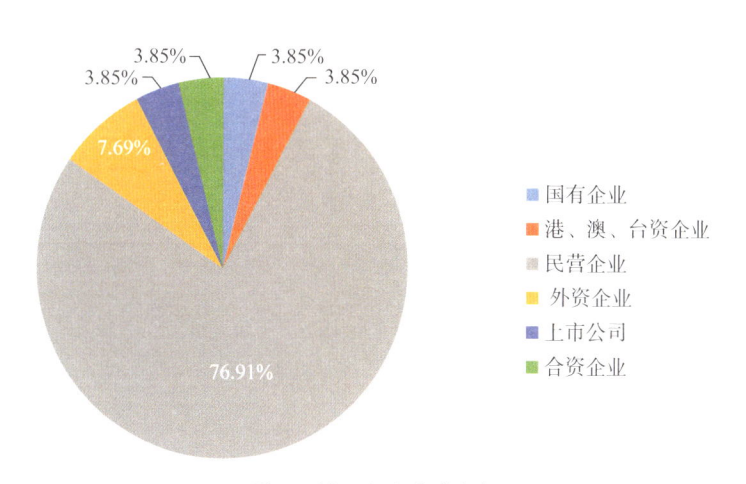

图 2 调研企业性质分析

本次调研的企业用工人数情况如图 3 所示，其中 50 人以下的企业占比 34.62%，50～100 人的企业占比 26.92%，100～200 人占比 15.38%，200 人以上的企业占比为 23.08%。

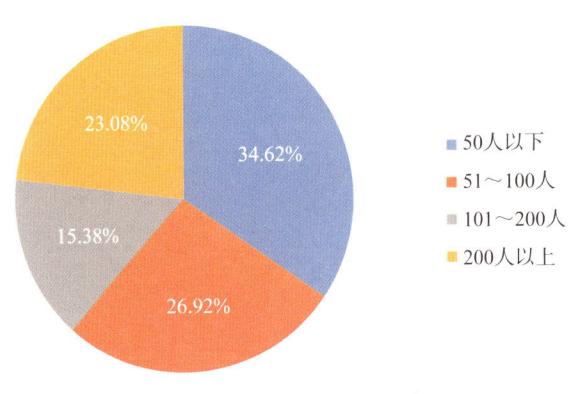

图 3 调研企业用工人数情况

三、柔印油墨产量和产品结构分析

（一）2020 年油墨产量与产品结构

产品结构方面，根据中国日用化工协会油墨分会的统计结果分析，油墨产品结构分布如表 3 所示，胶印油墨占比 32.90%，凸印油墨占比 0.40%，柔印油墨占比 11.60%，凹印油墨占比 43.20%，网印油墨占比 7.30%，其他油墨占比 4.60%，结构占比分布如图 4 所示。

表 3 油墨大类产品占比情况统计

产品名称	胶印油墨	凸印油墨	柔印油墨	凹印油墨	网印油墨	其他油墨
2020 年占总量比例（%）	32.90	0.40	11.60	43.20	7.30	4.60

（二）2016—2020 年柔印油墨生产情况

本报告分析了企业生产柔印油墨的主要产品类型，包括水性柔印油墨、溶剂型柔印油墨、UV 柔印油墨，以及柔印（水性和 UV）光油。根据统计数据（如图 5 所示），油墨生产企业整体发展平稳，柔印油墨中水性油墨所占总量稳定在 75%～78%，占比最大。UV 油墨占柔印油墨总量虽然不高，但是近五年来占比逐渐提高。2020年溶剂油墨占比低于2019年，表明在相关环保政策的引导下，溶剂油墨占柔印油墨的总量的比率在下降，同时光油的占比也逐渐降低。

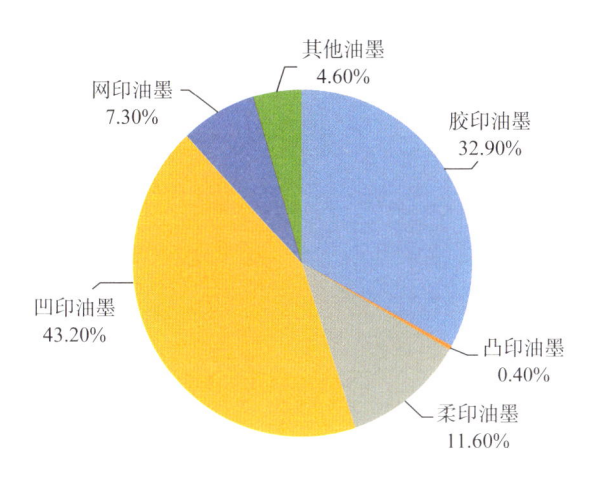

图4　2020年油墨大类占比分布

值得关注的是，其他类型的油墨占比正不断升高，其他类型油墨主要为一些特殊功能柔印油墨，以及一些油墨助剂。

图5　2016—2020年各类型柔印油墨生产情况

调查数据显示，2020年油墨生产企业中有35%的企业柔印油墨产量同比减少，65%的企业产量同比增加。总体上看，全国柔印油墨企业生产基本平衡，但较往年的统计数据 75% 的企业产量增加分析，仍有部分油墨企业受疫情影响而减产。

（三）各柔印油墨企业品种占比情况

柔印油墨生产企业主要的客户产品类型分为纸板类、标签类、薄膜类、出版物和其他产品。为了进一步分析调研企业的油墨产品的主要用途，对调研企业的客户产品类型进行分类调研。图 6 为调研的油墨企业的产品分类占比，其中纸板类产品占比为 39.38%，薄膜类产品占比为 31.25%，标签类产品占比为 23.43%，出版物占比为 2.38%，其他占比为 3.56%。较往年统计结果（纸板类产品占比为 38%，标签与薄膜类产品占比分别为 35% 与 31%），柔印主要的产品种类中纸板类产品略有上升，薄膜类产品基本持平，标签类产品占比有一定程度下降，其他产品是指用于特种纸与烟包印刷等的油墨。

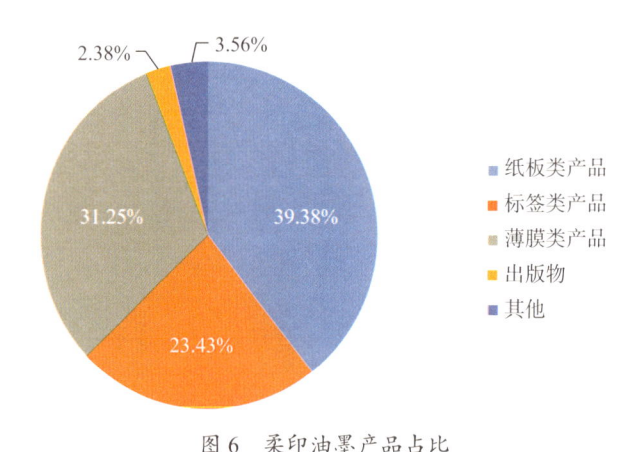

图 6　柔印油墨产品占比

柔印油墨销售的印刷企业客户主要来自医药、食品饮料、瓦楞纸箱、日化等行业。图 7 为调研的油墨企业的客户所处行业领域占比分析情况，其中食品饮料占比为 27.27%、日化占比为 25.97%、瓦楞纸箱占比为 23.38%、医药占比为 19.48%、其他行业占比为 3.90%。从行业分布分析，2020 年由于疫情的影响，行业产品有一定结构性变化，其中体现为医药产品与日化产品的增长，而瓦楞纸箱产品则明显下降。其中，食品饮料与瓦楞纸箱行业占比由往年的30%多有所下降，医药行业较往年的11%有显著上升。

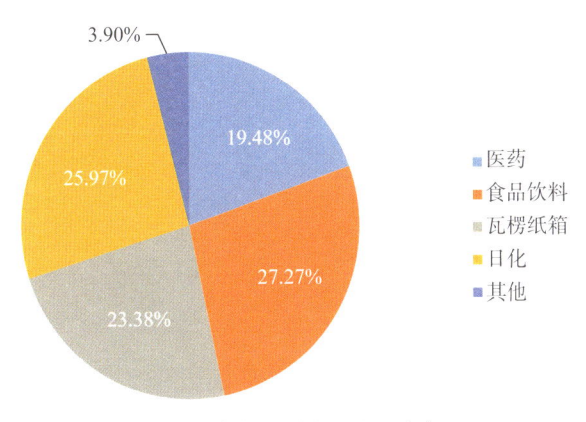

图 7　柔印油墨应用行业分析

四、对柔印油墨行业发展趋势的几点看法

（一）柔印油墨产业在过去五年里持续发展

从图5"2016—2020年各类型柔印油墨生产情况"可以看出，过去5年，柔印油墨的总量在不断增加，其中水性油墨发展较快，占柔印油墨的比例也较大。

同时，根据调研企业反馈，77.78%的柔印油墨生产企业准备扩大规模，只有22.22%的企业计划维持现状。针对行业发展趋势的分析，37.03%的企业认为目前的产业发展远远不够，本行业还在发展，需求正在增长；40.75%的企业认为产业发展还未达到饱和，仍然有发展空间；22.22%的企业认为目前市场已经饱和，产业产能过剩。比较往年的统计数据，有34.87%的企业调整了对行业发展的预期，其中调整预期的企业中有26.66%将之前预期饱和更改为预期增长，并且认为行业发展仍然远远不够。

同时，根据企业人员数量调研数据发现，75.20%的企业员工数量发生了变化，其中58.49%的企业员工数增加了，图8所示为企业员工变化情况。近60%的企业员工人数增加，从规模上也反映了行业发展的变化。

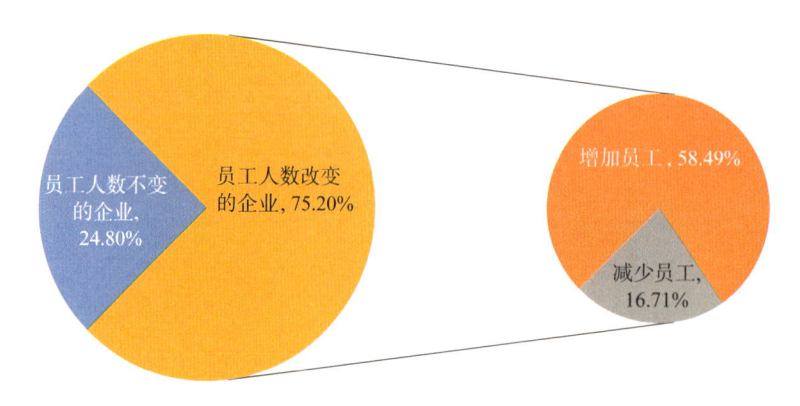

图 8　企业员工人数增加、减少与数量不变的情况

（二）油墨企业的科技创新是企业未来五年发展的重点投入方向

本报告调研企业总结分析了企业发展的瓶颈，并分析与规划了未来五年企业战略规划的重点投入方向。如图 9 所示，未来重点投入方向主要将集中在新产品研发与升级、拓展市场与营销渠道、生产流程管理数字化与智能化改造、企业环保改造等几个方面发展。有 91.67% 的企业将会在新产品研发与升级方面投入更多，并认为新产品研发与升级将给企业带来更好的发展前景；75.00% 的企业认为企业在拓展市场与营销渠道方面需要投入更多，以实现产品销售规模的扩大；62.50% 的企业认为需要在生产流程管理数字化与智能化改造方面进行投入，以提高生产与管理效率；41.67% 的企业认为未来仍需要进一步针对环保方面进行改造，以适应国家的相关政策。

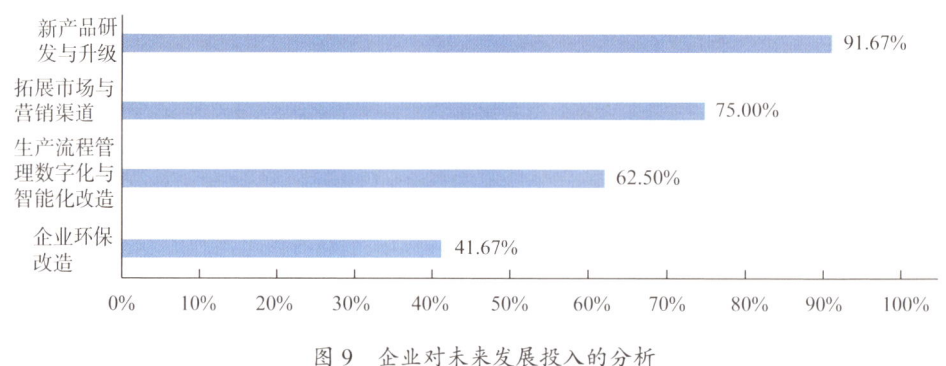

图 9　企业对未来发展投入的分析

近年来，在国家科技兴国的政策下，各企业纷纷在科技创新方面不断发力。本报告调研的企业中，有60%的企业是高新技术企业，但是在对未来发展的分析中，技术与产品的创新与研发仍然是众多企业首要考虑的因素。本次调研的企业不断研发新型的特种油墨、油墨助剂等产品，不仅扩大了产品的销售，获得了更高的利润，同时也促进了企业发展，推动了行业发展。

（三）柔印油墨行业环保改造成为企业发展的另一个方向

近些年，我国在环境保护方面相继出台了一系列的标准和法规，油墨行业的环保标准和法规也不断地得到完善。《涂料、油墨及胶粘剂工业大气污染物排放标准》（GB 37824—2019）、《排污许可证申请与核发技术规范　涂料、油墨、颜料及类似产品制造业》（HJ 1116—2020）、《排污单位自行监测技术指南　涂料油墨制造》（HJ 1087—2020）等一系列标准与法规先后发布与施行，在油墨的生产制造环节对排放和末端处理等均进行了规范和要求，油墨企业的环保治理水平也在不断提高。2018年6月27日，国务院印发《打赢蓝天保卫战三年行动计划》，全国油墨标准化技术委员会组织油墨行业的产品VOCs含量限值强制性国家标准制定工作，2020年3月4日，国家市场监督管理总局和国家标准化管理委员会联合发布《油墨中可挥发性有机化合物（VOCs）含量的限值》（GB 38507—2020），该强制性标准的发布为未来油墨产品的绿色化发展起到了指导性作用。

从事柔印油墨生产的企业也开始着手考虑对目前企业环保水平进行提升。本报告调研显示，59%的油墨企业需要进行环保改造。图9所示的企业对未来发展投入的分析图显示，有41.67%的企业将在未来的发展中加强环保投入。油墨生产企业的环保改造技术，可以解决企业发展的难题，将促进行业发展。

柔性版印刷在标签领域的应用和发展报告

白春燕　姚毅　曹前

近年来，我国的标签印刷技术和产业都取得了飞速发展，标签印刷已经成为印刷行业发展速度较快的细分领域之一，尤其是食品、饮料、日化、医药、化妆品、家电及超市、物流等行业的快速发展，推动了我国标签印刷市场的发展。

标签的印刷方式包括凸版印刷、平版印刷、柔性版印刷、凹版印刷、丝网印刷、数字印刷等多种印刷方式，其中柔性版印刷占据了日益重要的地位，表现出强劲的增长势头和发展潜力。

为全面了解我国标签印刷行业，尤其是柔性版印刷在标签领域中的应用情况及发展趋势等信息，2021年4—5月，上海出版印刷高等专科学校联合中国印刷与设备器材工业协会标签印刷分会、中国印刷技术协会柔性版分会对我国标签行业进行了广泛调研。

一、标签印刷行业的基本情况

（一）样本企业构成情况

参与本次调研的样本企业来自全国19个省、自治区、直辖市，共收到问卷175份，其中有效问卷150份。如图1所示，来自环渤海产业带（北京、天津、河北、辽宁、山东）的企业最多，共38家，占比为25.33%，其中北京的企业有13家；来自珠三角产业带（广东、香港、澳门）的企业33家，占比为22.00%，全部为广东企业；来自长三角产业带（上海、江苏、浙江、安徽）的企业共32家，占比为 21.33%，其中上海企业 16 家；来自成渝产业带（四川、重庆）的企业共 19 家，占比为 12.67%，其中成都的企业有 12 家。总体来看，绝大部分的标签印刷企业分布在四个主要产业带内。分布于全国其他区域的企业共 28 家，总占比为 18.67%，其中福建、湖北、陕西各 6 家，河南 4 家，云南和内蒙古各 2 家，山西和江西各 1 家。

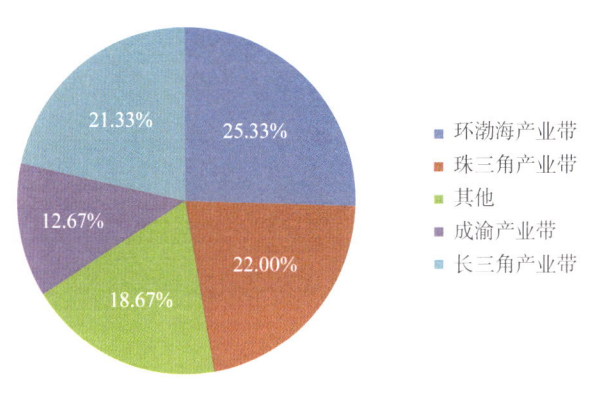

图 1　样本企业的区域分布

图 2 所示是参与本次调研的样本企业的年销售额情况，可以看到年销售额在 5000 万元以上的大型企业占比为 19.70%，3000～5000 万元的中型企业占比为 13.64%，低于 3000 万元的小型企业占比为 66.66%，所有企业的年平均销售额为 5909.7 万元。数据反映出行业内小型企业的数量较多，但是大中型企业起主导作用。

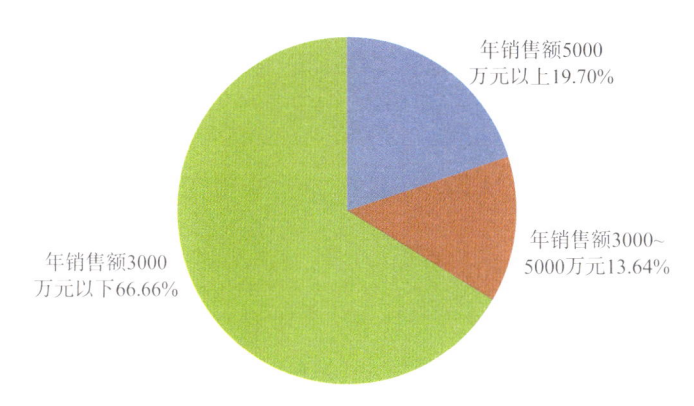

图 2　样本企业的年销售额情况

（二）不同细分领域中的标签产量情况

此次调研中将标签的应用市场细分到了9大领域。图3是参与本次调研的企业在不同细分领域中标签产量的占比情况。根据比重的大小可以大致划分为四个档次，同一档次内的几个领域之间的产量差别不太大。第一档是家用日化用品、食品和饮料领域，标签的产量都比较大，分别占标签生产总量的18.90%，18.42%和18.22%。第二档是电子、电器类产品，标签产量相对较小，占生产总量的11.89%。第三档是医药、保健品，酒，美妆、化妆品，标签产量分别占生产总量的9.69%、9.51%和8.54%。第四档是工业设备、工业用品及纺织、服装类产品，标签产量较小，分别占生产总量的3.31%和1.52%。

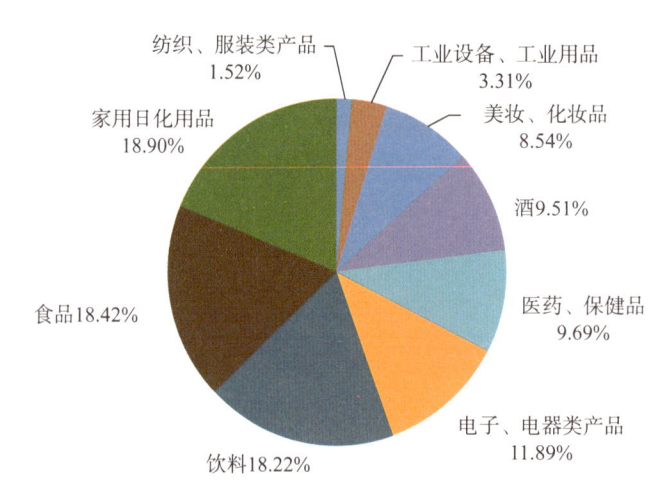

图3 不同细分领域中的标签产量占比

（三）不同印刷方式在标签印刷领域的使用情况

样本企业中，有38.17%的企业同时拥有两种印刷方式，42.75%的企业同时拥有两种以上的印刷方式。图4是参与本次调研的生产企业所使用的标签印刷方式情况。由图可知，使用凸版印刷、平版印刷和柔版印刷的企业最多，占比分别为71.76%、52.67%和52.67%。数字印刷和丝网印刷的应用比例也比较高，分别约占 30.53% 和 28.24%。使用组合印刷方式的样本企业约为 16.03%，而凹版印刷的比例较低，仅有 5.34%。

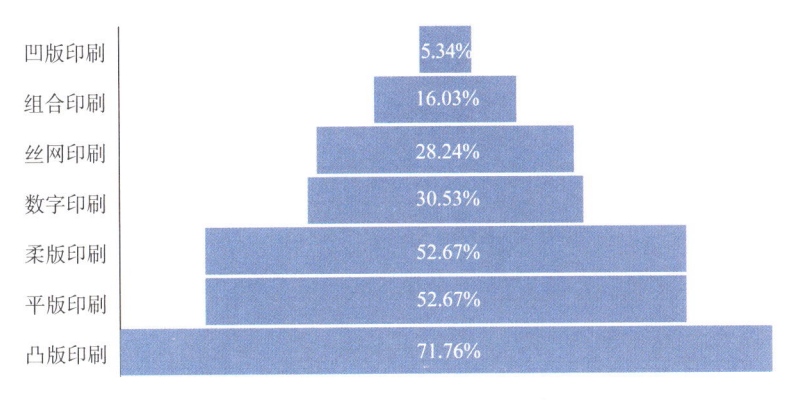

印刷方式	比例
凹版印刷	5.34%
组合印刷	16.03%
丝网印刷	28.24%
数字印刷	30.53%
柔版印刷	52.67%
平版印刷	52.67%
凸版印刷	71.76%

图 4　调研企业的标签印刷方式

（四）承印物类型

本次调研中将柔性版印刷标签的承印物大体分成了三类，分别是塑料薄膜类、纸张类和其他材料。如图 5 所示，样本企业的承印材料主要是纸张类材料和塑料薄膜类材料，分别占材料总用量的 46.50% 和 46.31%，其他类型材料的用量非常少，占比仅有 7.19%。

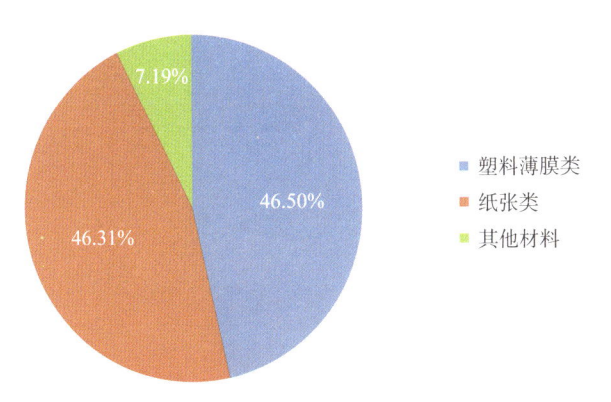

类型	比例
塑料薄膜类	46.50%
纸张类	46.31%
其他材料	7.19%

图 5　标签印刷企业的承印物类型

二、柔性版印刷标签的发展现状

（一）柔性版印刷标签的油墨使用情况

柔性版印刷使用的油墨有 UV 油墨、UV-LED 油墨、水性油墨以及溶剂型油墨等。如图 6 所示，参与本次调研的企业中，柔性版印刷标签中使用最多的是 UV 油墨，占油墨总用量的 54.12%，超过了其他类型油墨用量的总和。其次是 UV-LED 油墨，占油墨总用量 36.08%。相比于前两种油墨，水性油墨的用量很少，占油墨总用量的 5.52%。而溶剂型油墨的用量最少，仅占油墨总用量的 4.28%。

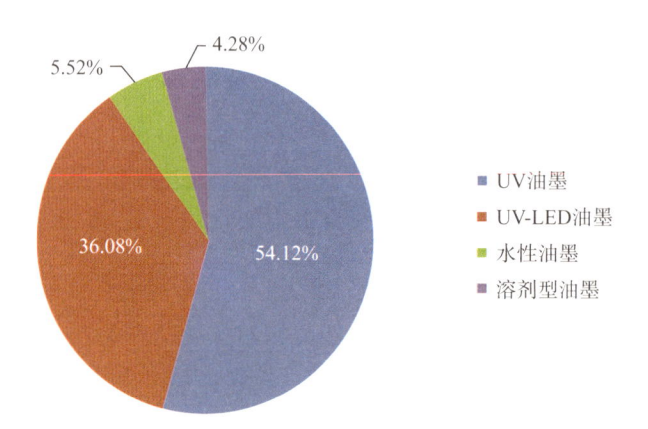

图 6 柔性版印刷标签企业的油墨使用情况

（二）柔性版印刷的设备使用情况

由图 7 可知，样本企业标签印刷使用的柔性版印刷机主要是机组式柔性版印刷机，占柔性版印刷机总量的 45.54%，而卫星式柔性版印刷机和层叠式柔性版印刷机相对较少，占比分别是 16.25% 和 16.07%。另外，近年来随着印刷工艺的复杂化，组合式印刷机发展迅速，从本次参与调研的企业可以看到，组合式印刷机占柔性版印刷机总量的 22.14%，其用量已经超过了单独的层叠式柔性版印刷机和卫星式柔性版印刷机。值得注意的是，组合式印刷机实际上是机组式柔性版印刷机和其他印刷方式或后道工艺的组合，因此机组式柔性版印刷机的占比实际上已经达到了 67.68%。

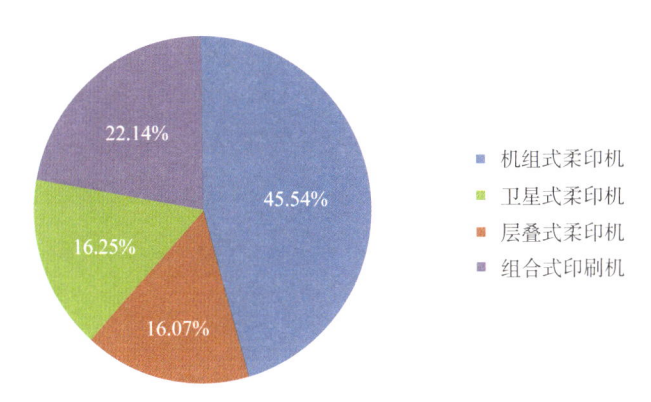

图 7　柔性版印刷标签企业的柔性版印刷机使用情况

（三）柔性版印刷标签的加网线数情况

柔性版印刷中对印版选择不同的加网线数将直接决定印刷品的质量。如图 8 所示，标签印刷中使用的加网线数以高线数为主。约 64.18% 的样本企业主要使用 150lpi 及以上的加网线数，其中使用 175lpi 和 150lpi 加网线数的企业所占比例分别是 22.39% 和 31.34%，使用 175lpi 以上加网线数的企业约为 10.45%；约 22.38% 的样本企业主要使用 100 ～ 133lpi 加网线数，而主要使用 90lpi 及以下加网线数的企业约为 13.44%。

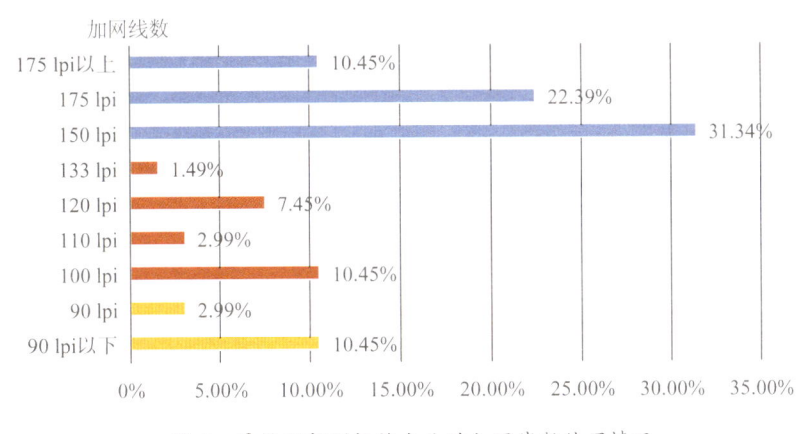

图 8　柔性版印刷标签企业的加网线数使用情况

三、面临的挑战及未来发展趋势

（一）主要困难

在调研中发现，企业面临的主要困难有以下几个方面。如图 9 所示，其中用工成本高、原材料成本高、专业技术人才短缺和市场订单不足排名靠前；环保压力也是企业面临的主要挑战之一，排名居中；政府扶持力度不够、产能不足和资金短缺等因素排名靠后。

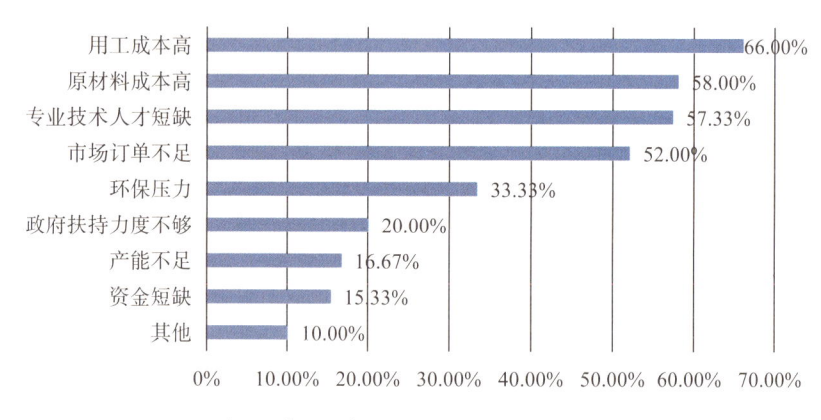

困难类型	占比
用工成本高	66.00%
原材料成本高	58.00%
专业技术人才短缺	57.33%
市场订单不足	52.00%
环保压力	33.33%
政府扶持力度不够	20.00%
产能不足	16.67%
资金短缺	15.33%
其他	10.00%

图 9　柔性版印刷标签企业面临的主要困难

（二）亟待解决的核心技术问题

目前柔性版印刷标签生产中还存在一些亟待解决的核心技术问题。如图 10 所示，根据本次调研数据，约 35.92% 的调研企业认为印前加网技术仍是有待提高的核心技术。25.08% 的调研企业认为柔印智能化技术是亟待解决的核心技术。此外，高性能油墨和高端特种承印材料也是亟待开发的核心技术。

（三）发展趋势

本次重点对标签产业的绿色化发展方向进行了调研。

如图 11 所示，从承印物材料来看，65.28% 的企业认为未来可降解塑料用量会大幅增长，另外分别有19.33%和15.30%的企业认为未来纸张类标签和单层材料标签的用量会大幅增长。相比于另外两种材料，企业对可降解塑料的期望更高，主要是因为其具有可循环利用的特性。从油墨方面来看，有55.32%的企业认为未来LED-UV油墨会大幅增长，52.11%的企业认为水性油墨的用量会大幅增长，两者基本持平。从标签种类来看，分别有22.03%和16.68%的企业认为未来收缩标和模内标会大幅增长。由上可知，几乎所有调研企业都认为未来标签会向环保方向发展，这符合政府和消费者的期望和需求，也反映了企业环保认知水平的提高。

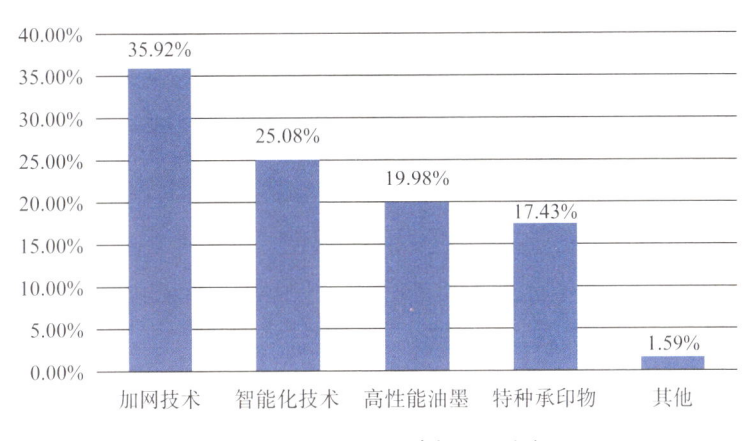

图10 柔性版印刷标签亟待解决的技术问题

图11 未来发展趋势

四、结论

（一）柔性版印刷标签的发展空间广阔

柔性版印刷在标签领域已经广泛应用，约 50% 以上的标签企业拥有柔性版印刷机。柔性版印刷机的装机量与平版印刷机基本持平，尽管在数量上仍少于凸版印刷机，但是柔性版印刷机的生产效率更高，实际产能更大。随着柔性版技术的不断进步，以及在环保方面的独特优势，其在标签领域的应用空间巨大。

（二）人力资源问题是制约柔性版印刷标签发展的重要因素

一方面随着企业竞争的日益激烈，企业之间存在人员招聘的竞争；另一方面现在的年轻人都不愿意从事生产性工作，从业人员不断缩减，因此目前柔性版印刷标签企业也普遍存在着人力资源匮乏问题，主要体现在两个方面：第一，招工难、招工贵；第二，专业技术人才短缺、流动性大。调研结果显示，多数企业面临着招工难、用工成本高及专业技术人才短缺、人才流失严重等问题。这些问题已经成为制约企业发展的重要因素，为此，一方面需要行业培养更多柔性版印刷专业人才，另一方面也需要企业通过提高自动化和智能化水平，减少对人工的依赖。

（三）绿色环保是标签印刷发展的必然趋势

随着政府环保要求的不断提高及终端买家环保意识的增强，在未来，环保生产依然是柔性版印刷标签生产领域需要不断探索的课题。根据本次调研中企业对柔性版印刷标签的未来发展预测的结果，几乎所有的企业都认为未来柔性版印刷标签会向着环保材料和环保油墨的方向发展。这反映了企业环保意识的提高，也符合消费者和社会的期望。需要注意的是，企业不仅要关注环保油墨、环保材料的开发和应用，而且要关注设备的能耗和排放，关注环保型设备的使用情况以及环保型生产管理办法的实施。

（四）组合式印刷显现出巨大优势

随着产业的成熟化，一个必然趋势是企业竞争更加激烈。这种激烈的竞争会导致产品的价格越来越低，企业的利润也越来越小。这次调研中就有部分企业反映，产值增加了但是利润没有增加。在这种情况下，如何提高产品的附加值和利润成了所有企业正在考虑的问题。根据本次调研结果，已经有很多企业将目光投向了组合式印刷机。组合式柔性版印刷机将柔性版印刷机和多种印刷工艺及加工处理方式相结合，可以降低成本、丰富产品的工艺，从而提高产品的附加值和企业的竞争力。因此，在未来组合式印刷也是柔性版印刷标签发展的一个重要趋势。

第三部分
标准解读与技术发展篇

本部分聚焦目前柔性版印刷行业企业所关注的环保政策、国家标准、技术发展等内容，建立了2020年起发布或实施的相关印刷及环保类标准索引，汇编收录了专家对两个行业标准《柔性版制版过程控制要求及检测方法》和《柔性版印刷紫外光固化油墨使用要求及检验方法》的解读、绿色印刷产业发展趋势和柔性版印刷技术态势的分析，以及近年来国家新闻出版署"柔版印刷绿色制版与标准化"重点实验室的部分代表性技术文章。

本部分相关印刷及环保类标准索引的建立为读者查阅相关标准提供了便利。行业标准的深入解读为读者准确理解和正确把握柔性版制版的过程控制要求和检测方法，以及紫外光固化油墨的使用和检验方法等提供了重要参考。基于数据挖掘的绿色印刷产业发展趋势和柔性版印刷技术的发展态势分析，为了解行业的产业和技术发展趋势提供新途径。收录的重点实验室部分代表性技术文章分别从新型柔性版制版技术、油墨废水处理以及印刷压力与质量关系等角度进行阐述，具有较强的先进性和实用性。

受限于编者水平和本书篇幅要求，本部分收录的文章未能将柔性版印刷行业的最新发展和关注热点一一涵盖，还请读者见谅。

2020 年起发布或实施的相关印刷及环保类标准索引

1. GB/T 38925—2020《废复合包装分选质量要求》，国家市场监督管理总局、中国国家标准化管理委员会，2020 年 6 月 2 日发布，2020 年 12 月 1 日起实施；

2. GB/T 39198—2020《一般固体废物分类与代码》，国家市场监督管理总局、中国国家标准化管理委员会，2020 年 10 月 11 日发布，2021 年 5 月 1 日起实施；

3. GB/T 39197—2020《一般固体废物物质流数据采集原则和要求》，国家市场监督管理总局、中国国家标准化管理委员会，2020 年 10 月 11 日发布，2021 年 5 月 1 日起实施；

4. CY/T 226.1—2020《化妆品类包装印刷品质量控制要求及检验方法 第 1 部分：纸包装》，国家新闻出版署，2020 年 11 月 16 日发布，2021 年 2 月 1 日起实施；

5. CY/T 226.2—2020《化妆品类包装印刷品质量控制要求及检验方法 第 2 部分：软管包装》，国家新闻出版署，2020 年 11 月 16 日发布，2021 年 2 月 1 日起实施；

6. CY/T 130.3—2020《绿色印刷 通用技术要求与评价方法 第 3 部分：纸质柔性版印刷》，国家新闻出版署，2020 年 11 月 16 日发布，2021 年 2 月 1 日起实施；

7. CY/T 130.4—2020《绿色印刷 通用技术要求与评价方法 第 4 部分：塑料柔性版印刷》，国家新闻出版署，2020 年 11 月 16 日发布，2021 年 2 月 1 日起实施；

8. CY/T 227—2020《柔性版印刷紫外光固化油墨使用要求及检验方法》，国家新闻出版署，2020 年 11 月 16 日发布，2021 年 2 月 1 日起实施；

9. CY/T 222—2020《柔性版制版过程控制要求及检测方法》，国家新闻出版署，2020 年 11 月 16 日发布，2021 年 2 月 1 日起实施；

10. CY/T 210—2020《瓦楞纸板柔性版印刷过程控制要求》，国家新闻出版署，2020 年 11 月 16 日发布，2021 年 2 月 1 日起实施；

11. CY/Z 22—2020《印刷标准体系表》，国家新闻出版署，2020 年 11 月 16 日发布，2021 年 2 月 1 日起实施；

12. GB/T 27610—2020《废弃资源分类与代码》，国家市场监督管理总局、中国国家标准化管理委员会，2020 年 11 月 19 日发布，2021 年 6 月 1 日起实施；

13. GB 18599—2020《一般工业固体废物贮存和填埋污染控制标准》，生态环境部、国家市场监督管理总局，2020 年 11 月 26 日发布，2021 年 7 月 1 日起实施；

14. GB/T 39966—2021《废弃资源综合利用业环境绩效评价导则》，国家市场监督管理总局、中国国家标准化管理委员会，2021 年 3 月 9 日发布，2021 年 10 月 1 日起实施。

《柔性版制版过程控制要求及检测方法》标准解读

孔玲君

2020年11月16日，国家新闻出版署发布《关于批准发布〈文献片段标识符〉等47项行业标准的通知》（国新出发函〔2020〕249号），《柔性版制版过程控制要求及检测方法》（CY/T 222—2020）标准正式颁布，并于2021年2月1日起施行。

一、标准制定背景

柔性版印刷采用了水性油墨，是较为环保的印刷方式。制版是柔性版印刷流程中的一个重要环节，也是保证印刷质量的一个重要前提。在对柔性版制版企业、版材生产企业、制版设备供应商和柔性版印刷企业等企业的调研中，各类柔性版印刷相关企业一致认为，在推进柔性版印刷应用的进程中，非常有必要制定柔性版制版过程控制相关标准。为此，全国印刷标准化技术委员会（SAC/TC170）向国家新闻出版署提出了《柔性版制版过程控制要求及检测方法》行业标准制定立项申请。

2018年8月28日，根据《新闻出版行业标准化管理办法》等有关规定和行业标准化工作总体安排，为满足行业发展需求，新闻出版署批准《柔性版制版过程控制要求及检测方法》等标准列入2018年第一批新闻出版行业标准制修订计划，正式立项开展标准制定工作。

上海出版印刷高等专科学校、深圳市英杰激光数字制版有限公司、上海中浩激光制版有限公司、富林特（上海）企业管理有限公司、嘉升制版（上海）有限公司、杜邦（中国）研发管理有限公司、艾司科贸易（上海）有限公司、福建长信纸业包装有限公司、上海紫丹食品包装印刷有限公司、广东正艺柔版科技有限公司、广东柔印机械有限公司、东莞瑞盈成像技术有限公司、上海敏晨化工有限公司、上海印刷技术研究所有限公司、上海正伟印刷有限公司、东莞市梅居印刷科技有限公司、中国印刷技术协会等单位共同参与了该标准的起草工作。

二、标准适用范围

CY/T 222—2020 标准主要基于我国柔性版行业的制版现状而展开，其制定目标是根据我国目前柔性版制版行业所使用的制版工艺，规范柔性版制版过程中所涉及的数据文件、版材、制版设备、洗版介质、制版车间温度和湿度及印版质量等内容，并对各类控制属性的检测方法进行统一规范。标准起草组在前期调研认证阶段发现，除少数企业采用的激光雕刻制版和基于液体感光树脂制版技术，数字直接制版和基于胶片的制版工艺仍然是两大主要的柔性版制版技术。因此，CY/T 222—2020 标准内容同时兼顾了这两种制版技术，规定了柔性版制版过程中所涉及的术语和定义、数据文件要求、版材要求、设备要求、洗版液要求、制版车间环境要求、工艺控制要求、印版质量要求及其检验方法，适用于基于平张固态感光树脂版的柔性版制作，其他柔性版制作可参照使用。

三、标准编制主要原则与依据

CY/T 222—2020 标准在制定过程中，注重适用性和可操作性相结合，兼顾行业发展的前瞻性、科学性和引导性。

适用性是指该标准既要充分考虑到我国柔性版印刷的现状，又要体现行业的发展方向和国家的政策导向。可操作性一方面体现在标准的技术要求符合柔性版制版的生产实际,所涉及的技术参数和指标可量化、可追溯。基于这一原则,标准提供了检测用的测试图的整体效果图和测试元素分布图,并对各类测试元素作了详细描述,为控制参数的量化分析提供了基础。另一方面可操作性还体现在检测方法适用于柔性版印刷企业的生产实际。例如,在印版成像质量检测方法方面,规定使用分度值为 5μm、放大倍率为 200 的显微镜检测印版测试样中还原出的独立点的直径、线条宽度、文字大小、网点阶调值及其对应的网目线数。

前瞻性体现在标准内容充分考虑到行业发展的未来需要,为柔性版制版技术保留持续发展的空间。例如,尽管厚度为 0.76mm 的厚版材目前应用并不广泛,但随着柔性版印刷应用领域的拓展其将不断推广应用,因此 CY/T 222—2020 标准规定版材的标称厚度宜为 0.76 mm、1.14 mm、1.70 mm、2.28 mm、2.54 mm、2.84 mm、3.94 mm。

科学性体现在技术参数和指标的确定主要基于对典型制版企业的实际生产、技术数据的调研和测试数据、设备与材料供应商提供的信息和测试数据,以及对典型企业在实际制版条件下得到的检测印版样本的验证测试数据。其中试验验证用的检测印版样本具有较广泛的代表性,包含了各公司常用的多种版材厚度和版材品牌。例如,对同一张版材不同位置的厚度偏差及同一型号不同批次版材间的厚度偏差要求、同一张印版的厚度偏差和底基平整度偏差要求,以及能再现的最细独立线、最小独立点、最小文字、阶调再现范围要求等一系列控制值均是经过对大量印版的检测验证后确定的。

引导性是指在考虑柔性版印刷现状的基础上,引导行业进行转型升级和技术提升。例如,《2019 中国柔性版印刷发展报告》的调研结果显示,当前有近 50%的制版企业使用含四氯乙烯的洗版液,因此,CY/T 222—2020 标准不宜按绿色印刷标准要求对含四氯乙烯的溶剂型洗版液进行强制性规定,即不宜强制禁用含四氯乙烯的洗版液,但希望引导行业向环保溶剂应用转型。最终,专家们一致同意基于我国柔性版制版企业的实际生产情况,在兼顾标准适用性的同时,结合国家对绿色环保的政策导向，CY/T 222—2020 标准在溶剂型洗版液应用要求上应引导行业向绿色环保和安全生产的方向发展。

四、本标准与相关标准的对比分析

CY/T 222—2020 标准在制定过程中，除根据我国柔性版制版的实际生产控制与要求，还参考了 ISO 12647—6：2012 标准以及美国柔印技术协会（FTA）的 FIRST 规范。

1. 与 ISO 12647—6：2012 的对比分析

ISO 12647—6：2012 标准是针对柔性版印刷加工过程控制而提出的国际标准，规定了包装和包括报纸在内的出版物所使用的四色柔性版印刷的数据交换要求及指定目标值所需的必要信息，涉及印刷生产全过程。其中，对印版的有关密度、阶调值增加允差、一套印版的尺寸误差三方面做了规范。CY/T 222—2020 标准对上述三项也做了相应的规定，与 ISO 12647—6：2012 标准既有相同的方面，也有不同之处。具体内容如下。

（1）CY/T 222—2020 标准规定数字版的残留密度不大于 0.07，50% 中性灰的相对密度应为 0.3±0.02；胶片的灰雾度应不大于 0.04，非图文区域的密度不小于 3.8。其中，CY/T 222—2020 标准对数字版的残留密度要求与 ISO 12647—6：2012 标准一致。但 CY/T 222—2020 标准只对数字版的 50% 中性灰的相对密度做了规定，未规定黑膜密度，而 ISO 12647—6：2012 标准则明确规定黑膜的密度应不小于 4.0。这是因为标准制定组的专家们认为不同数字版版材的原理不同，有些版材采用传统的物理遮盖原理，有些版材采用紫外线阻隔原理，且紫外线阻隔级的测量费用很高，生产中难以实施。因此，专家们一致讨论决定不对数字版的非图文区域密度进行规定。

（2）参与 CY/T 222—2020 标准制定的专家认为对于柔性版印刷而言，阶调值增加的控制应主要考虑亮调部分，且以 2% 阶调处为重点。同时阶调值超过 60% 时，控制阶调值增加的意义不大，因此 CY/T 222—2020 标准确定将阶调值增加的控制点设置为 2%、25% 和 50%，并按网目线数不超过 48 lpcm 和网目线数超过 48 lpcm 分别规定了阶调值增加允差，这与 ISO 12647—6：2012 标准规范针对阶调值不超过 10% 和阶调值超过 10% 两个范围规定阶调值增加允差是有所不同的。

（3）对于一套印版之间的尺寸误差，CY/T 222—2020 和 ISO 12647—6：2012 标准完全一致。

2. 与 FTA FIRST 规范的对比分析

美国柔印技术协会（FTA）所提出的 Flexographic Image Reproduction Specificationand Tolerances（FIRST）是一个针对柔性版印刷全过程控制与质量检测而提出的规范文件，涵盖印前设计、印前制作、印版制作、印刷过程各个印刷生产环节。该规范主要是从印版质量评价的角度对某些指标做了明确规定，并没有对制版设备、工艺控制要求等做具体要求，对成像质量也并未根据版材厚度进行详细规定。FIRST 规范对数字直接制版与胶片制版的有关质量要求具有一定的参考意义。CY/T 222—2020 标准与 FIRST 标准在部分技术指标方面的异同点如下。

（1）在版材厚度偏差方面，FIRST 标准没有规定同一版材的不同位置处的厚度偏差，但规定了同一型号的不同版材间的厚度偏差应不大于 0.0254 mm，且未区分版材厚度；CY/T 222—2020 标准对不同厚度版材的厚度偏差（包括同一版材的不同位置和同一型号的不同版材间的厚度偏差）都做了具体要求。

（2）在数字文件要求方面，CY/T 222—2020 标准与 FIRST 规范一样，都推荐使用 1 bit Tiff 格式存储待输出的数据文件。

（3）在成像质量方面，FIRST 规范未对不同厚度的印版做具体区分描述，要求数字直接制版能再现的最小英文字符为 2 pt，而对胶片制版的最小英文字符未作要求，同时两种制版技术均未规定最小独立点的大小和最细独立线的宽度；CY/T 222—2020 标准要求厚度为 3.94 mm 的印版能再现的最小英文字符为 3 pt，其他各种厚度的印版应能再现的最小英文字符为 2 pt，同时还对最小独立点和最细独立线及最小中文字符大小都做了具体要求。

（4）在阶调再现性能方面，FIRST 规范要求数字直接制版系统在网目线数 69 lpcm 及以下时应能再现 1%～98% 的阶调范围，胶片制版系统在网目线数 60 lpcm 及以下时应能再现的最小网点为 1%，即对阶调再现范围做了统一要求，不具体区分版材厚度；CY/T 222—2020 标准则根据不同厚度印版，对再现阶调范围的要求略有不同，同时对胶片制版系统也提出了阶调再现范围要求，且对最小网点再现要求略低于 FIRST 规范。

（5）FIRST 规范对阶调值增加允差按 5 个阶调范围分别做出要求，即 2%～9%：±0.5%；10%～24%：±1%；25%～39%：±1.5%；40%～49%：±1.75%；50%～98%：±2%。该要求不区分网目线数。CY/T 222—2020 标准则如前文所述，从 3 个阶调值处给出控制要求，且针对两类不同的网目线数给出了不同的要求。显然，在对印版质量要求描述上，CY/T 222—2020 标准比 ISO 12647—6：2012 标准和 FIRST 规范的相关条款更细致、要求条款更丰富。这是因为 CY/T 222—2020 标准专门针对基于平张固态感光树脂版的柔性版制作的过程控制与检验方法而制定，而 ISO 12647—6：2012 标准和 FIRST 规范是针对柔性版印刷生产全过程的。

五、标准颁布实施的意义

CY/T 222—2020 标准应用于柔性版制版工艺的流程管理中，可促进柔性版制版生产的规范化、质量控制的数据化、质量检验的标准化，有助于提高制版质量。制版质量的提升意味着印刷质量的提升和印刷故障与印刷废品的减少，印刷成本也将下降，从而增强了印刷企业的竞争实力，提高印刷企业经济效益。这不仅有助于解决当前柔性版印刷的主要矛盾，还可推动柔性版印刷行业向智能化、自动化、绿色化方向发展，并帮助中国柔性版印刷企业在保证制版工艺的环保性、安全性方面做出更多贡献，促进柔性版印刷行业持续健康发展，提升国家绿色印刷战略实施效果。

《柔性版印刷紫外光固化油墨使用要求及检验方法》标准解读

李飞　陈醒记

2018年8月28日,国家新闻出版署批准立项,全国印刷标准化技术委员会下达《柔性版印刷紫外光固化油墨使用要求及检验方法》新闻出版行业标准制定项目任务书。本标准由深圳市布瑞特水墨涂料有限公司(以下简称公司)负责牵头起草制定。

公司在接到项目任务书后,立即查阅相关标准和资料,并对本标准的制定建立了基本框架(见图1)。

```
前言……………………………………………Ⅲ
1 范围……………………………………………1
2 规范性引用文件……………………………1
3 术语和定义…………………………………1
4 技术要求……………………………………2
5 检验方法……………………………………4
附录A(资料性附录)紫外光能量测试纸………6
6 参考文献……………………………………8
```

图1　标准文稿框架

框架确定后,公司做了大量实验,并到印刷厂进行了多次考察,组织技术人员撰写草稿,并邀请行业专家在北京印刷学院多次开会研讨。

标准制定要经历起草阶段(组织行业专家多次开会逐条研讨,对有异议的内容会后再进行实验验证,直至无异议再进入下一阶段)、征求意见阶段(面向社会广泛征求意见,对有异议的内容进行研讨、解释、修改,直至无异议再进行下一阶段)、审查阶段、报批阶段四个阶段。2020年11月16日,《国家新闻出版署关于批准发布〈文献片段标识符〉等47项行业标准的通知》(国新出发函〔2020〕249号)发布,《柔性版印刷紫外光固化油墨使用要求及检验方法》CY/T 227—2020已批准发布,2021年2月1日起实施。本文将标准文稿中的技术要求及检验方法做如下介绍。

一、技术要求

（一）油墨

1. 油墨基本性能应符合表1规定。
2. 油墨不应腐蚀柔性版版材。
3. 油墨应具有良好的流动性和较小的触变性,且触变后油墨黏度上升不超过20%。
4. 在10～30℃环境下、阴凉通风处避光储存一年,油墨质量应稳定。

表1　油墨基本性能要求

项目名称	要求
外观	无异物、无结块
同色不同批色差	$\Delta E_{ab}^* \leqslant 2.0$
细度	$\leqslant 10\mu m$
黏度	$500 \sim 3000 mPa \cdot s$
最低固化能量	$\leqslant 35 mJ/cm^2$
墨膜润湿张力	$\geqslant 3.8 \times 10^{-2} N/m$

注：引用自CY/T 227—2020。

（二）承印物

1. 表面应平整、清洁。

2. 塑料类承印物的印刷适性应符合国家标准《塑料软包装凹版印刷过程质量控制及检验方法》（GB/T 36064—2018）中 4.1.1 的要求。

3. 不干胶类承印物应符合行业标准《印刷技术 不干胶标签质量要求及检验方法》（CY/T 93—2013）中 5.1 的要求。

4. 其他承印物的表面张力应不小于 3.8×10^{-2} N/m。

（三）柔性版印版

1. 对紫外光固化油墨、清洗剂应具有良好的耐腐蚀性。

2. 印版质量应符合行业标准《绿色印刷 书刊柔性版印刷过程控制要求及检验方法》（CY/T 195—2019）中 6.2.2、6.2.3、6.2.4 的要求。

3. 印刷实地与线条的印版，其硬度宜为邵氏硬度（A）40～50；印刷小字与网点的印版，其硬度宜为邵氏硬度（A）60～70。

（四）印刷设备（见图2）

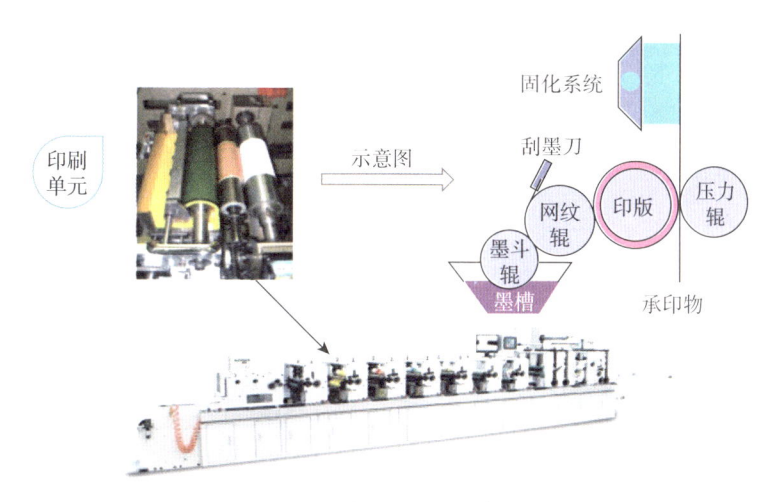

图 2　柔性版印刷设备

1. 网纹辊

（1）网纹辊线数应与印版的加网线数相匹配，网纹辊线数宜为印版加网线数的 4～7 倍。网纹辊有金属网纹辊、陶瓷网纹辊、新型 GTT 网纹辊（见图 3）等类型。各类油墨和网纹辊的选择可参考表 2。

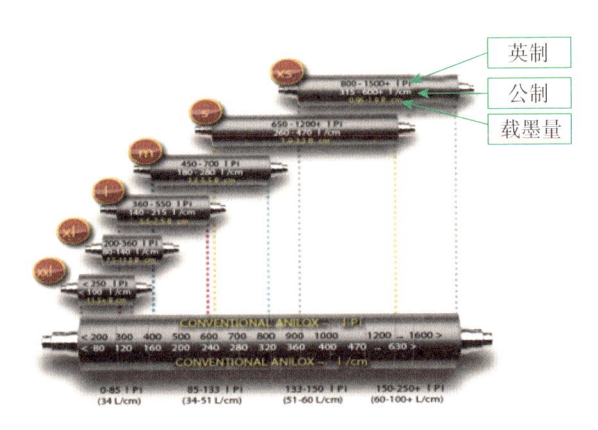

图 3 GTT 网纹辊

表 2 各类油墨和网纹辊的选择

油墨种类	网纹辊（l/cm）	载墨量（cm³/m²）
四色墨	250～600	2.3～4.0
文字和线条	120～200	4.0～7.0
实地	100～160	7.0～9.0
白色	80～120	10.0～15.0
金属油墨	100～60	9.5～11.0
罩光油	60～120	8.0～13.0
1BCM=1.55cm³/m²		
1l/cm=2.54 lpi		

（2）应定期清洗网纹辊。

2. 刮墨刀

（1）宜采用不锈钢或带有涂层的刮墨刀。

（2）宜采用厚度为 0.15～0.25 mm 的刮墨刀。

3. 墨斗辊

（1）直径应均匀，耐腐蚀，不膨胀，耐磨性能良好。

（2）硬度宜为邵氏硬度（A）60～80。

4. 固化系统

（1）紫外光源波长宜为 280～420 nm。

（2）照射到承印物表面的紫外光能量应不小于 35 mJ/cm^2。

（3）紫外光源应具有冷却辅助功能。

（4）应保证反光罩及紫外光源洁净。

（五）工艺要求

1. 环境

（1）生产车间的温度应控制在（23±5）℃。

（2）生产车间的相对湿度应控制在（60±20）% RH。

（3）生产车间环境应洁净、避阳光、通风。

2. 过程控制

（1）同批印刷品墨层厚度应均匀一致。

（2）刮墨刀与网纹辊角度宜为 30°～40°。

（3）印刷品出现刀线或颜色不均现象时应及时更换刮墨刀。

（4）印刷过程控制宜按照国家标准《印刷技术 网目调分色片、样张和印刷成品的加工过程控制 第 6 部分：柔性版印刷》（GB/T 17934.6—2014）的要求进行。

（六）印刷成品质量要求

1. 外观

应符合国家标准《柔性版装潢印刷品 第 1 部分：纸张类》（GB/T 17497.1—2012）中 5.1 的规定。

2. 固化效果

使用 200l/cm、载墨量为 3.31 cm³/m² 的网纹辊，印刷速度开至 100 m/min 测试黑墨后，印刷品表面应无粘连。

3. 抗粘连性

印刷品表面应无粘连、无墨层脱落。

4. 结合牢度

印刷品油墨面脱落面积应不大于测试面积的 10%。

5. 光泽度

同一批次印刷品相同部位的光泽度差应不大于 10%。

在技术要求部分，争议最大的是固化能量（采用能量计测定，见图4）的设定。经过测定，各种颜色油墨固化能量都在 25～35 mJ/cm²（见表3），达到固化要求，因此在原稿中能量的设定是大于等于 35 mJ/cm²。但起草组专家认为，大于等于 35 mJ/cm² 的固化能量不利于行业发展，是在鼓励油墨厂商做高能量固化油墨，或者要求紫外灯能量都要加强，可能导致业内设备都要提高灯管功率，既耗能又增加制造成本，也不符合国家低碳绿色发展的战略方向。最终专家组达成一致意见，认为设定为最低固化能量不大于 35 mJ/cm² 较为合适。

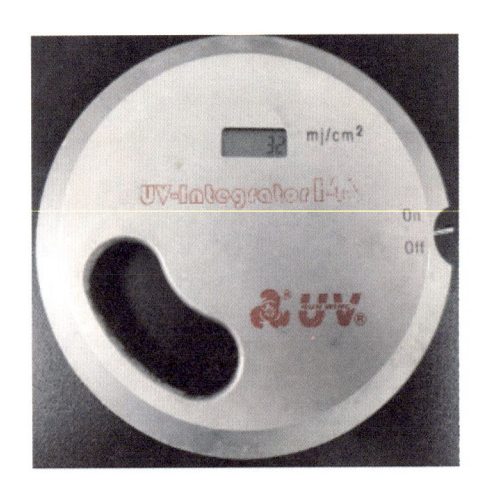

图 4 能量计

表3　柔印油墨固化效果

固化能量/单位：mJ/cm² 颜色	25	28	30	32	35
黄	固化良好	固化良好	固化良好	固化良好	固化良好
品红	固化良好	固化良好	固化良好	固化良好	固化良好
青	固化不良	固化不良	固化不良	固化良好	固化良好
黑	固化不良	固化不良	固化不良	固化不良	固化良好
白	固化不良	固化不良	固化良好	固化良好	固化良好

二、检验方法

（一）油墨检验

1. 色差

（1）制样

按行业标准《用于纸质印刷品的印刷材料挥发性有机化合物检测试样的制备方法》（CY/T 127—2015）中的4.3.5.1和4.3.5.2.1（b）中的方法制备油墨试样。

（2）检测

按国家标准《柔性版装潢印刷品 第1部分：纸张类》（GB/T 17497.1—2012）中6.4的规定进行。

2. 细度

按国家标准《液体油墨细度检验方法》（GB/T 13217.3—2008）中第5章的规定进行。

3. 黏度

按国家标准《油墨黏度检验方法》（GB/T 13217.4—2020）中第4章的规定进行。

4. 固化能量

将符合要求的紫外光能量测试纸（见图 5）粘贴于柔印机放卷端的承印物上并做好标记，紫外灯预热 3 min，达到正常生产光照强度后开启柔印机至正常印刷速度进行测试。

图 5　紫外光能量测试纸

5. 墨膜润湿张力

紫外光固化后按国家标准《塑料　膜和片润湿张力的测定》（GB/T 14216—2008）规定进行。

6. 油墨触变性

按前文的方法测量油墨黏度。搅拌后的油墨和静止 24 h 后直接测量的油墨进行黏度对比，油墨黏度上升不得超过 20%。

7. 油墨腐蚀性

将柔性版材放置油墨中浸泡 24 h 后取出，无溶胀现象，用千分卡尺测量版材厚度与浸泡前厚度对比不应超过 0.02 mm。

（二）成品检验

1. 固化效果

（1）表面固化效果

方法 1：将刚刚干燥后的印刷品裁成长 × 宽为 50 mm×50 mm 的多个试样，

将两个试样的印刷面面对面互贴后用胶带固定，置于稍大于试样的两块厚度为 0.5 mm 的平板玻璃间，将 2 kg 砝码置于平板玻璃上，室温条件下放置 10 min 后，用手剥离，观察印刷品表面，无粘连则表明固化良好。

方法 2：按国家标准《漆膜、腻子膜干燥时间测定法》（GB/T 1728—2020）中 2 的乙法测试。

（2）深层固化效果

方法 1：用符合 ASTM D5264 的摩擦试验仪，棉纱包裹 5g 砝码，用丙酮完全润湿，轻轻擦拭试样表面，来回擦拭 20 次棉纱不掉色（一个来回算一次）。

方法 2：按国家标准《漆膜、腻子膜干燥时间测定法》（GB/T 1728—1979）中的丙法测试。

2. 抗粘连性

将刚刚固化后的印刷品裁成长 × 宽为 50 mm×50 mm 的多个试样，将印刷品面对面互贴后用胶纸固定，置于两块厚度为 0.5 mm 平板玻璃间，将 2 kg 砝码置于玻璃平板上，放入温度为 50℃、湿度为 85% 的恒温恒湿箱中，2 h 后取出，在室温下用手剥离，观察印刷品表面，无粘连无脱落。

3. 结合牢度

用剥离强度为（0.44±0.01）N/mm 的测试胶带（宽度 19mm）测试。胶带与印刷品油墨面应紧密贴合无气泡，胶带贴合长度为 50 mm，保持 30s，以 45°角在 1s 内将胶带剥离。测试操作可以参考图 6。

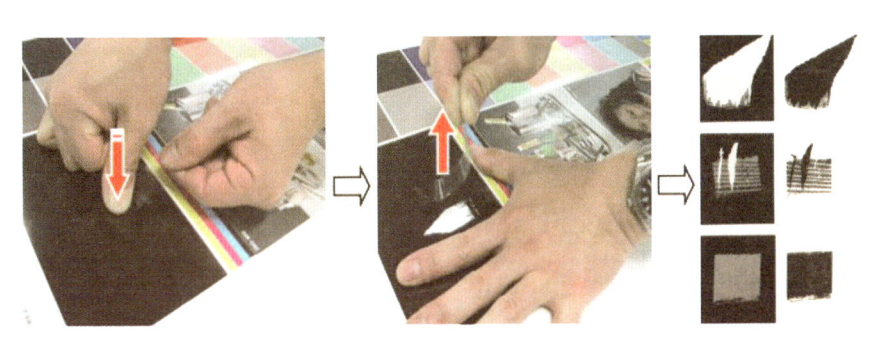

图 6 结合牢度测试操作

4. 墨层光泽度

按国家标准《凸版装潢印刷品》（GB/T 7706—2008）中 6.7 的规定进行。使用光泽测试仪进行测试，如图 7 所示。

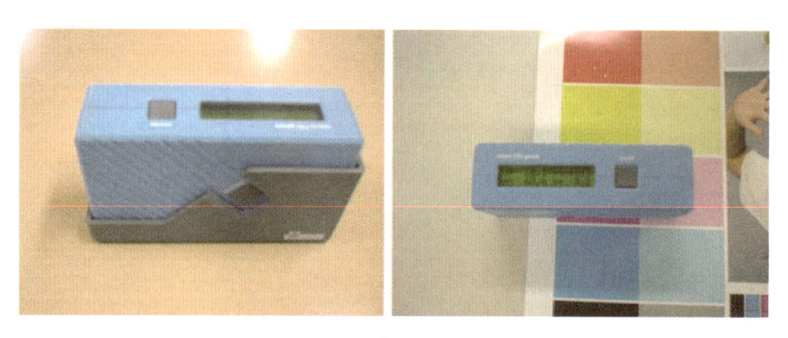

图 7　光泽度测试操作

在检验方法中讨论最多的是固化效果的检验，此次标准中改用固化效果来描述紫外光固化油墨的固化情况，得到了大家的一致认可，认为这样的描述更加直观，更能体现紫外光固化油墨的特色。有的专家对表面固化效果测试方法提出异议，认为若在油墨中添加表面活性剂或蜡粉，效果就难以判定。因此起草组专家又进行讨论并查阅相关文件，引用了国家标准《漆膜、腻子膜干燥时间测定法》（GB/T 1728—2020）进行辅助测试。还有专家提出是否将 UV-LED 光源纳入标准中，经过开会讨论，由于用于印刷的 UV-LED 光源本身无标准，各家产品质量参差不齐，测出的能量数据差异较大，而且测试能量的方法虽有专用能量计但无法在印刷企业应用，因此暂不纳入标准，待 UV-LED 光源技术成熟后，未来进行标准修订时再纳入标准中。

《柔性版印刷紫外光固化油墨使用要求及检验方法》标准的制定填补了紫外光固化柔印油墨在国家印刷行业标准中的空白，针对行业存在无量化控制标准和检测方法的痛点，提供了相关技术指标与检测方法，解决了困扰行业的难题，对柔性版印刷质量水平的提升起到了积极的指导作用，对行业的节能降耗、节能减排、环境友好和绿色印刷起到推动作用。

基于多源网络信息的绿色印刷产业发展趋势研究

王晓红　顾思成　赵一铭

绿色印刷起源于 20 世纪 80 年代后期的以日本、美国、德国等为代表的发达国家，经过 40 余年的发展，各项技术及产业现已进入实际的应用阶段。整个绿色印刷产业无论是理念，还是在产业层面以及支撑产业发展的具体技术标准、设备工艺、原辅材料及软件的应用等方面都有了极大发展、提高，并日渐成熟。在欧美一些发达国家，绿色印刷不仅是科技水平的体现，也是替代传统印刷方式的有效手段之一。绿色印刷已成为 21 世纪普遍应用并日趋普及的一种产业。

虽然我国的环保理念、绿色印刷等概念相对起步较晚，但是经济高速发展引发的"青山绿水"等问题还是引起了民众以及行业、政府的广泛关注。我国在"十二五"规划中就已经把"绿色发展，建设资源节约型、环境友好型社会"作为经济社会发展的重要战略，发展绿色经济成为国家发展战略新举措。印刷复制业被列为未来重点发展的九大文化产业之一，把印刷业作为低碳、绿色环保改造的重点，并把绿色印刷作为结构调整的手段，这为我国印刷业的发展提供了难得的历史性机遇。

一、绿色印刷的内涵与外延

绿色是世界各国普遍认同的、对具有环境友好与健康有益两个核心内涵属性事物的一种形容性、描述性的称谓；不仅体现可持续发展理念、以人为本、先进科技水平，也是实现节能减排与低碳经济的重要手段。

绿色印刷是指采用绿色环保设计的理念进行印刷品的产品设计，选择使用在材料本身加工生产过程以及产品本身符合环保要求的环保印刷材料及生产工艺，不破坏生态环境进行印刷产品的生产加工，在印刷过程中实现少污染、低消耗，废弃物可循环利用，印刷品本身可自然降解或易于回收处理再利用并且不产生二次污染和能耗的、对生态环境影响小的印刷生产加工。绿色印刷要求与环境协调，包括环保印刷材料的使用、清洁的印刷生产过程、印刷品对用户的安全性，以及印刷品的回收处理及可循环利用，即印刷品从原材料选择、生产、使用、回收等整个生命周期均应符合环保要求。

二、绿色印刷产业发展及研究

目前国内外进行绿色印刷产业发展及相关要素、相关政策落实、相关材料技术设备的研究非常多。1982 年，美国国家环境保护局（EPA）出台了新污染源实施《柔性乙烯基和聚氨酯产品凹版涂布印刷排放标准》。1996 年，EPA 发布《印刷和出版业有害空气污染物排放标准》，规定相关单位必须采用最佳可行控制技术（BACT），将软包装印刷、出版物凹版印刷过程的有害空气污染物（HAP）排放量分别控制在原料使用量的 5% 和 8% 以内。除此之外，美国还制定了各类政策和扶持项目来鼓励和引导企业进行污染治理。英国印刷工业联合会（BPIF）推出碳排放计算器，对工厂的碳排放进行估算和控制。日本于 2001 年颁布《印刷服务绿色标准》，随后又发布了《绿色印刷认证制度》，推动绿色印刷产业的发展。欧盟理事会也在 1996 年颁布了综合污染防控指令（1996/61/EC），提出实行与排放标准等效的削减计划。

我国的印刷业主管部门，原国家新闻出版广电总局在 2017 年发布《印刷业"十三五"时期发展规划》中，就十分明确地提出了"坚持绿色发展道路，增强绿色印刷实效"的重点任务，要求继续大力实施绿色印刷，提升产业绿色发展水平，绿色印刷已成为我国从印刷大国向印刷强国迈进的重要举措。各地方政府相关主管部门也都在积极学习、推进、落实、考核企业实施绿色印刷，加大企业的绿色环保认证。

学术界和企业界对于绿色印刷产业现状和发展趋势也进行了深入的研究，陈志周等人对于绿色印刷及应用研究进展进行了较为深入的探讨，重点还是从整个绿色环保的趋势上进行理论分析和初步实现路径分析；李伟在 2018 年的《中国印刷》期刊上发表了题为"浅谈绿色印刷及国内外发展现状"的文章，对于目前各地绿色印刷实施状况进行了较系统的分析；作为我国绿色印刷借鉴的标杆，何从友在《印刷杂志》上分析了日本印刷业绿色印刷实施及 VOCs 治理，对比分析了绿色印刷的发展趋势；中国印刷技术协会同北京印刷学院、中国印刷科学技术研究院也进行了"绿色印刷产业发展研究"专题项目研究，系统地分析了目前绿色印刷存在的问题，为绿色印刷标准体系发展提供了借鉴。也有很多学者从具体的技术角度探讨了绿色印刷发展的趋势与路径，基本上都侧重在印刷材料的绿色化，如宋延林发表在"*Bulletin of the Chinese Academy of Sciences*"的论文则重点探讨纳米印版对绿色印刷发展的贡献，也有从不同印刷方式，如胶印、柔印工艺的角度来探讨实施绿色印刷的可行性，也有从变革的技术等方面来实施绿色印刷。

由于绿色印刷产业链涉及的要素非常丰富，涉及的生产工艺流程十分复杂，印刷产品种类繁多，各种技术应用存在争议等，绿色印刷产业发展趋势的研究面临着很多问题。目前绿色印刷产业研究所采用的信息分析与处理方法主要是依靠专家的知识和经验、调研问卷、访谈以及少量信息检索搜集，但这种研究方法已经无法实现绿色印刷发展的研究，其易使研究结果片面化、运动化、盲目化以及无序化，不利于人们认识绿色印刷、支持绿色印刷、实施绿色印刷、促进绿色印刷发展。同时对于不同绿色印刷要素之间的关系以及问题的主要矛盾还缺乏系统的分析和研究。

针对这种由于信息分析技术的局限性导致的研究结果不够全面、深入、系统、前瞻的问题，本研究采用基于多源网络信息的大数据分析方法探索绿色印刷产业的发展趋势。

三、基于多源网络信息的绿色印刷产业发展趋势研究

（一）研究方法总体设计

针对绿色印刷产业研究数据来源的多源性特点以及后续数据分析、处理的精准性以及为知识服务平台系统的搭建做好基础的知识技术，本文设计开发了基于大数据分析技术的所有算法，研究方法的流程如图1所示。

图1是一级绿色印刷知识层次文本抓取、数据预处理、文本向量化、聚类分析及可视化的结果，二级绿色印刷知识层次完全采用这个研究方法框架，是在一级绿色印刷知识层次的基础上，重新进行数据获取、数据预处理、数据分析和聚类分析，主要是在"加载自定义词典"处将一级绿色印刷知识层次的结果作为绿色印刷知识层次数据获取、分析和聚类分析的自定义词典，从而完成整体的绿色印刷知识层次数据获取、分析和聚类分析。

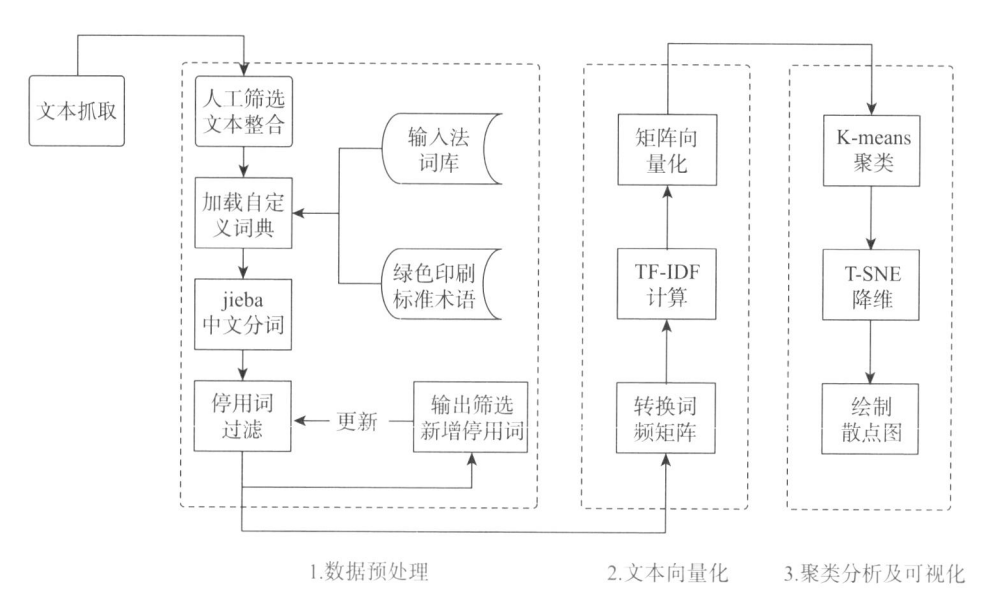

图1 基于知识图谱技术的绿色印刷产业发展研究方法流程

（二）数据来源

本研究通过四类信息平台获取一级、二级绿色印刷知识层次所需的研究数据。

第一类是传统网络数据库，选择的是国内影响力最大、应用最广泛的维普数据库、知网资源总库、万方数据库作为数据来源，以其包含的所有期刊及发明专利为研究样本。

第二类是新型网络学术信息平台（学术博客、学术论坛、专业网站等），经过细致调研，最终选择目前在国内学界影响力较大的"新浪博客"（blog.sina.com.cn）和"CNKI学术论坛"（kbs.cnki.net/forums）作为数据来源。

第三类是专业网站，如科印网、中国印刷网、大中华印艺网等，以其中的会议或论坛等活动的报告发言、新闻报道的通讯稿、人物访谈等作为研究样本。

第四类是维普数据库、知网资源总库、万方数据库、万方标准全文数据库、上海知识产权信息平台、国家知识产权局专利检索系统作为分析绿色印刷具体的材料、技术、设备、工艺等主要数据的来源，数据来源说明如表1所示。

表1 本研究的数据来源

数据应用层次	数据平台	数据类别	数据搜集工具	数据搜集方法
一级绿色印刷知识层次	维普数据库	网络数据库	文献题录	Python 爬虫
	知网数据库			
	万方数据库			
	网络学术信息平台	学术博客	全文	
		学术论坛		
	专业网站	网页		
二级绿色印刷知识层次	维普数据库	网络数据库	文献题录	Python 爬虫
	知网数据库			
	万方数据库			
	万方标准全文数据库			
	国家标准全文公开			
	上海知识产权信息平台			
	国家知识产权局专利检索系统			

经过广泛搜索，前三类信息平台上共获得 6000 多条含有"绿色印刷"关键词的条目，时间范围同样选取 2012—2020 年。采集到 3012 篇文章，剔除出错、重复等无效数据，剩余 2948 篇文章。在 CNKI 学术论坛方面，选取电子技术及信息科学目录下的图书情报与数字图书馆板块进行数据采集，选取 2006—2020 年的帖子，最终采集到 1558 篇。第四类的数据和研究主要用于二级绿色印刷知识层次中绿色印刷具体的材料、技术、设备、工艺等主要研究数据的来源。

（三）数据预处理与清洗

对爬取的各类数据进行主题无关信息去除等预处理后，采用"jieba"中文分词工具对文本进行分词处理。经过手工筛选剔除，重新进行文本过滤，建立语料库。

最后对文本数据进行特征提取，将文本数据转换为计算机能够处理的二维向量。本研究以所有的分词在每一篇文章中该词出现的频率作为二维向量的数据，将文本转换为计算机可以处理的形式，最终形成 TF-IDF 系数矩阵用于后期文本聚类分析。

（四）绿色印刷知识层次聚类分析

绿色印刷产业是一个庞杂的体系，要清楚准确地掌握其发展趋势，首先需要建立一个多级的绿色印刷知识层次，该层次建立的方法就是通过对前期处理的文本进行自动聚类后形成类别标签，本文采用 K-means 聚类算法来完成多级绿色印刷知识层次的建立。

1. 基于网络和文献数据的文本聚类结果

（1）一级绿色印刷知识层次聚类结果

通过 k-means 聚类方法将文本向量进行聚类后，形成一个高维的空间数据分布，这个分布并不利于问题的分析，因此本文使用 TSNE 算法将高维数据分布降维到二维表示的空间内，从而便于数据的表示和分析。图 2 为基于 TSNE 降维的绿色印刷聚类散点图。

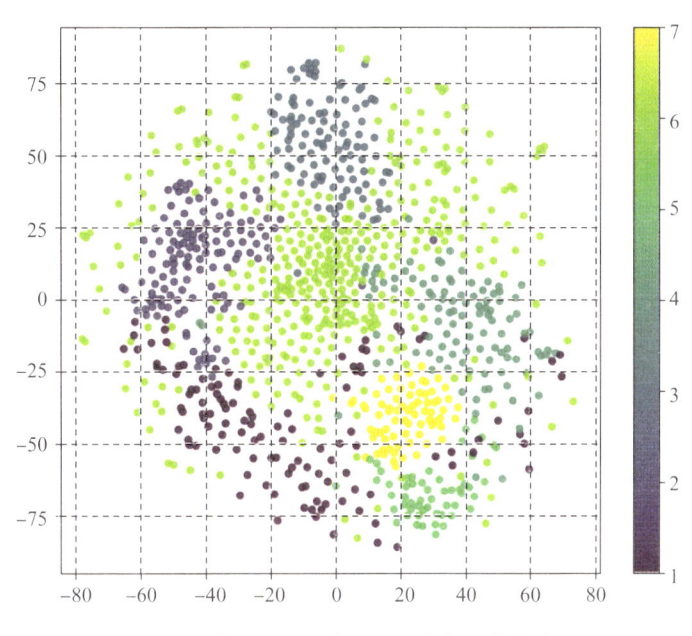

图 2 基于 TSNE 降维的绿色印刷聚类散点

TSNE 聚类结果如表 2 所示。

表 2 TSNE 降维关键词聚类结果

类别	关键词聚类结果
Cluster #1	纳米、制备、电子、材料、导电
Cluster #2	喷墨、数字、控制、技术、印刷技术
Cluster #3	出版、绿色、标准、新闻出版、国家
Cluster #4	油墨、环保、大豆油墨、印刷、水基
Cluster #5	水性油墨、水性、树脂、聚氨酯、丙烯酸、柔性版
Cluster #6	印刷、发展、包装、设计、中国
Cluster #7	固化、UV、油墨、UV-LED、紫外光

综合绿色印刷产业可视图以及关键词聚类结果，结合绿色印刷术语等行业规范，可以得到目前绿色印刷知识层次的一级指标，其结果如表 3 所示。

表 3　一级绿色印刷知识层次指标

类别	一级绿色印刷知识层次指标	权重 /%
Cluster #1	油墨	60.84
Cluster #2	印刷技术	16.32
Cluster #3	标准	12.58
Cluster #4	行业应用	10.26

（2）二级绿色印刷知识层次聚类分析

进一步对现有的一级绿色印刷知识层次指标进行聚类分析，得到如表 4 所示的二级绿色印刷知识层次指标，从而可以进一步明确绿色印刷产业发展的重点。

表 4　二级绿色印刷知识层次指标

类别	一级绿色印刷知识层次指标	二级绿色印刷知识层次指标
Cluster #1	油墨	大豆油墨
		水性油墨
		UV 油墨
		LED 固化油墨
		纳米油墨
Cluster #2	印刷技术	数字印刷
		柔性版印刷
		控制技术
Cluster #3	标准	绿色印刷标准
Cluster #4	行业应用	出版业
		包装业

2. 基于专利数据的文本聚类结果

从前文的数据分析结果可以看出，环保的绿色印刷油墨是解决绿色印刷的关键，其次是新型的、智能化、自动化、节能化程度更高的印刷技术与装备。因此，为了更加深入地分析绿色印刷油墨和技术装备的发展状况，本文进一步对技术性更专业的专利数据进行挖掘和分析，从而更加丰富本研究的内容和成果。

采用与网络资源和文献资源完全相同的数据分析技术，对六百余篇绿色印刷相关专利进行了分析，TSNE 降维后绿色印刷专利数据聚类散点如图 3 所示，其类别对应的关键词如表 5 所列。

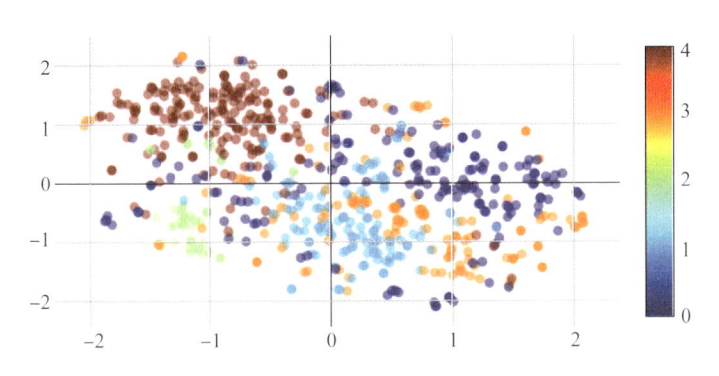

图 3　基于 TSNE 降维的绿色印刷专利数据聚类散点

表 5　基于 TSNE 降维绿色印刷专利数据关键词聚类

类别	关键词聚类结果
Cluster #1	表面、加工、包装、印刷
Cluster #2	油墨、水性、树脂、制备、溶剂
Cluster #3	LED、发光、二极管、电路板、芯片
Cluster #4	制备、组合、组合方法、印刷油墨、配比
Cluster #5	固定、装置、连接、安装、印刷机

从专利数据中可以看出，相较于网络和文献数据分析，绿色印刷产业在专利数据中表现更为集中和专业，没有一些宣传性的如"印刷""技术""研究"和"应用""发展"等泛泛而指的关键词，更多地指向实际技术。通过专利数据可以看出：

（1）油墨的研发和应用仍然是绿色印刷产业发展的重要领域；

（2）印刷除了应用在常规的出版和包装领域中的绿色化生产之外，其应用范围进一步拓展到了电路板生产加工的绿色化；

（3）绿色节能的印刷设备、印刷装置的研究和应用也是十分重要的一个领域。

（五）绿色印刷产业发展趋势演变路径研究

为了研究绿色印刷产业发展趋势的演变，考虑到前文分析可能存在的数据聚类时数据量与总量相比较少，但是其内容内涵又十分重要，本研究采用 K-means 聚类方法对文本语料库从时间维度上进行分析，从而研究绿色印刷产业发展演变的路径。

考虑到绿色印刷这样一个概念，以及对环保重视的程度是在近些年才提出的，所以对文本进行了细分，可以更加详细地反映相关研究的发展。文本划分切片的时间分成了三个主要阶段：2000—2009 年、2010—2014 年和 2015—2020 年三个时间段。

1. 2000—2009 年绿色印刷产业发展状况

2000—2009 年绿色印刷产业发展聚类散点如图 4 所示，其类别对应的关键词如表 6 所列。

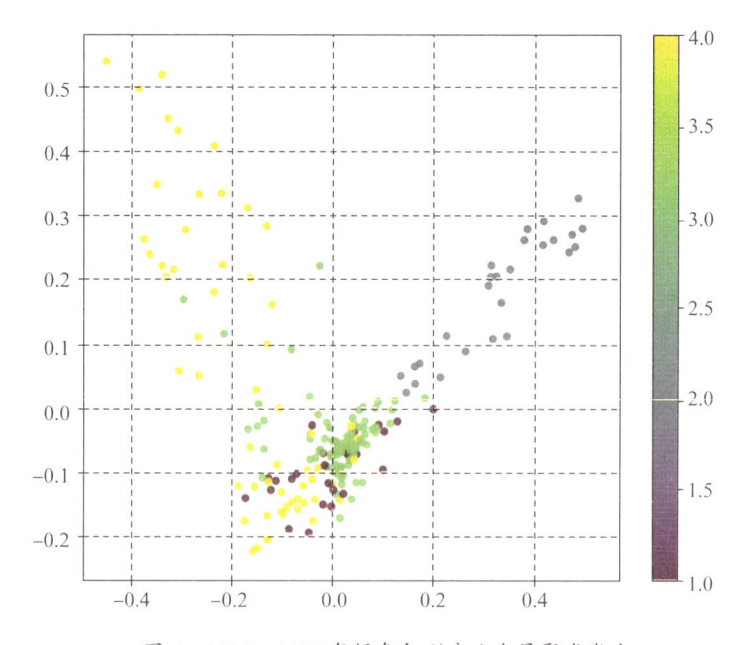

图 4 2000—2009 年绿色印刷产业发展聚类散点

表6　2000—2009年绿色印刷产业发展重点类别关键词

类别	关键词聚类结果
Cluster #1	水性油墨、柔印、水墨、颜料、包装印刷
Cluster #2	喷墨、印刷、数字、技术、打印
Cluster #3	材料研究、改性、树脂、材料
Cluster #4	油墨、固化、UV、水基、环保

2. 2010—2014年绿色印刷产业发展状况

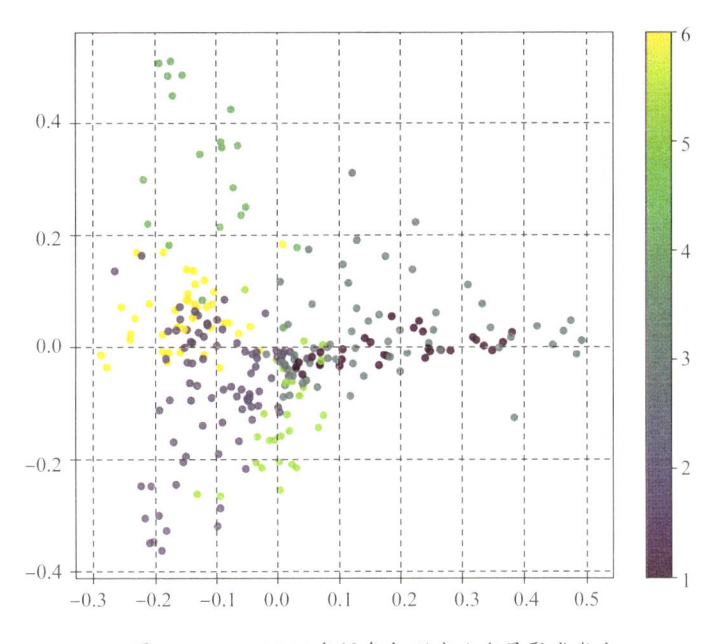

经过数据处理，2010—2014年绿色印刷产业发展聚类散点如图5所示，其对应的绿色印刷产业发展重点的类别关键词如表7所列。

图5　2010—2014年绿色印刷产业发展聚类散点

表 7 2010—2014 年绿色印刷产业发展重点类别关键词

类别	关键词聚类结果
Cluster #1	水性油墨、树脂、水性、酯化、丙烯酸酯
Cluster #2	印刷、数字、行业、中国、发展
Cluster #3	油墨、UV、环保、固化、排放
Cluster #4	包装、设计、绿色包装、食品包装、包装材料
Cluster #5	喷墨、电子、印刷、打印、按需喷墨
Cluster #6	认证、标准、绿色认证、环境保护、印刷公司

比较 2010 年前与 2010—2014 年的聚类数据可以看出，从 2010 年开始，绿色印刷发展重点的类别有所增加。除了 UV 油墨、水性油墨等一贯的绿色印刷研究和发展领域外，新增了包装材料、喷墨技术、认证标准等新的领域。虽然相关领域的文本数量（散点数）较少，但是其数据的增长斜率较大，说明新增领域符合绿色印刷产业发展的情况，是后续发展的新兴领域。

3．2015—2020 年绿色印刷产业发展状况

本研究采用同样的方法对 2015—2020 年的文献与网络资源进行分析，得到 2015—2020 年绿色印刷产业发展聚类散点如图 6 所示，其对应的绿色印刷产业发展重点的类别关键词如表 8 所列。

表 8 2015—2020 年绿色印刷产业发展重点类别关键词

类别	关键词聚类结果
Cluster #1	数字印刷、印刷技术、喷墨技术、发展、按需喷墨
Cluster #2	油墨、颜料、油墨制备、环保、环境影响
Cluster #3	包装印刷、行业、环保、绿色包装、包装材料
Cluster #4	印刷电子、技术、中国、发展、电路
Cluster #5	UV、固化、光源、油墨、LED
Cluster #6	水性、乳液、水基油墨、丙烯酸、聚氨酯
Cluster #7	新闻出版、发行、国家、广电总局、大力发展

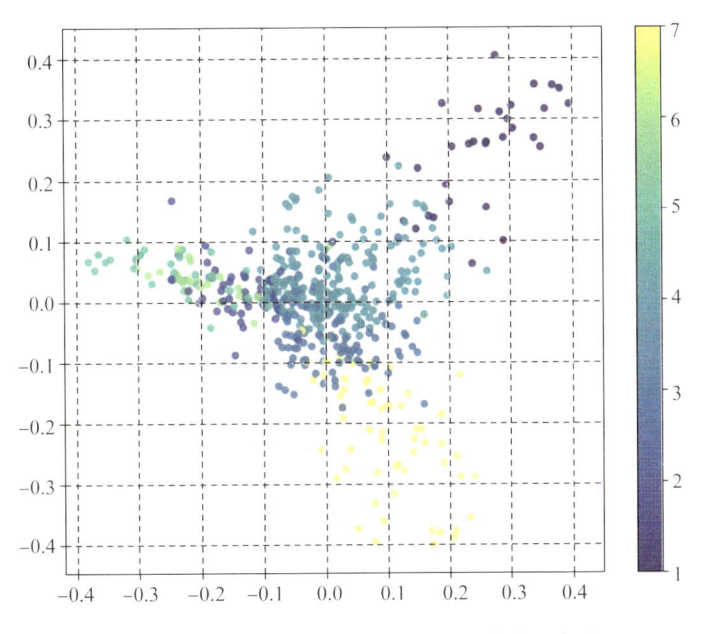

图 6　2015—2020 年绿色印刷产业发展聚类散点

与 2015 年之前相比，近五年的文献数量最多，且类别也较多，发展到了 7 个主要类别，这也说明了绿色印刷产业仍然是一个正在不断发展还不够完善和成熟的产业，还处于一个发展的快速时期。与 2010—2015 年相比，绿色印刷产业发展重点变成了 7 类，新增了一些如广电总局、国家等层面的政策支持的相关类别。

无论从文献资源分析还是专利数据分析，可以发现印刷油墨尤其是 UV 油墨与水性油墨的相关研究，从 2000 年开始一直都是绿色印刷产业研究和关注的重点，这也符合人们对于印刷业的认知。从整个印刷产业链上来看，对于污染环境最严重的要素可能不是设备的高能耗或是其他情况，而是油墨以及其溶剂的挥发、刺鼻气味等，这显然是污染环境的主要原因，可以说对于油墨的改善，是印刷业向环保绿色方向发展的一个关键突破口。

随着时间发展，国内开始强调环保，相关政策的提出以及新型的印刷技术的研究与改进都进一步丰富了绿色印刷产业的内涵。另外，近些年国内电商产业发展迅猛，带来快递运输行业蓬勃发展，其包装印刷品的迅猛增长，也让更多的绿色印刷焦点聚焦于包装印刷产业的绿色化。

四、结语

　　本文采用多源网络信息，包含新闻、专业博客、专业文献、专利等多种结构性、半结构性以及非结构性的数据，利用大数据分析技术进行绿色印刷产业的发展趋势的研究。研究从不同的角度展开，分为网络文献文本分析和专利分析、基于全局分析和时间轴分析，从而保证本研究的权威性、全面性和多样性。通过研究可以看出绿色印刷仍然是一个蓬勃发展的产业，随着人们对"青山绿水"的渴求，绿色印刷还将长期处于一个重点发展的领域，该产业的规模还将进一步扩大，其在油墨（包括胶印的大豆油墨、水性油墨、UV油墨、LED固化油墨以及纳米油墨）、可降解承印物、绿色印刷工艺以及低能耗印刷装备等方面还需要重点突破。

　　另外，通过研究结果还可以看出，在绿色印刷发展的过程中，绿色印刷标准的制定、实施、宣传和认证也是绿色印刷产业发展的重要举措和保障，同时国家政策的导向性也是至关重要的。通过时间轴的文献资源分析可以看出，近年来国家政策、法规以及舆论导向都使绿色印刷产业的发展得到进一步的重视和提升，行业的监督和引领作用也在进一步强化，这些都促进了绿色印刷产业的蓬勃发展。

国内外柔性版印刷技术发展态势分析
——基于2001—2020年中外文数据库的文献计量

孟玫

柔性版印刷使用弹性凸印版，通过网纹辊传墨将油墨转移到承印物上，是包装印刷品的主要印刷方式。柔性版印刷在欧美起步较早，在20世纪70年代取得显著的技术进步，柔性感光树脂版、新型柔印水性油墨以及贴版双面胶带技术的成熟使得柔性版印刷在市场上得到广泛应用。我国自20世纪80年代开始发展柔性版印刷，高精度柔印机、制版机、网纹辊、油墨、版材等产业配套设备器材逐步完备，适印范围从塑料薄膜拓展到纸张、不干胶标签、卡纸、墙纸、涂料纸、复合软包装薄膜、瓦楞纸板、瓦楞纸箱面纸预印、化纤编织袋、无纺布印刷、建筑装潢瓷砖等众多领域。

梳理国内外柔性版印刷技术发展态势，对于印刷行业同人厘清技术发展脉络和未来趋势具有很好的借鉴意义。在大数据时代，从海量的科技数据中高效识别重要的研究成果，特别是梳理研究的发展脉络和研究趋势，成为科技人员十分关注的问题。

本文采用文献计量的方法，分别以"柔性版印刷""flexograph* printing"及其同义词为主题，在中国知网数据库（以下简称中文库）和Web of Science核心合集数据库（以下简称外文库）中查找2001—2020年20年间发表的相关论文数据。经过去重并剔除会议报道及编辑部信息等无关数据后，共获得中文库论文977篇、外文库论文435篇。利用Excel软件进行数据统计，通过CiteSpace科学知识图谱软件来呈现研究结构、规律和分布情况的可视化科学知识图谱，分别从中外文库论文的数量及分布、作者及机构、研究热点和基金资助论文四个方面分析近20年来国内外柔性版印刷技术的发展态势。

一、国内外柔性版印刷技术论文的数量与分布

某一领域内研究论文数量的变化，能够在一定程度上反映该领域的研究状况和发展速度。对中外文库获取的论文数量和发表年份作折线图，如图1所示。图1显示，近20年来国内柔性版印刷技术论文数量均高于国外论文数量，国内论文数量在2001—2007年较多，2007年达到峰值86篇后快速下降，2013—2015年略有回升后继续下降，直至2020年有所回升；国外论文数量基本上一直处于缓慢增长的态势，2012年以后国外论文数量十分接近于国内论文数量，并有超越国内论文数量的趋势。值得注意的是，国内柔性版印刷技术论文的数量近10余年来基本处于较快下行的趋势，而国外论文基本呈现稳中上升的趋势。

计量学家普赖斯对科学指标进行大量统计分析后提出科技文献增长四个阶段的理论：一是学科刚刚诞生阶段，绝对论文数量少，增长不稳定；二是学科大发展阶段，专业理论迅速发展，论文数量急剧增加，并符合指数增长规律；三是学科理论日趋成熟的阶段，论文数量增长减缓，仅维持固定的文献增长量，符合线性增长规律；四是学科理论完备的阶段，论文数日趋减少，进入平台期或出现不规则震荡。根据普赖斯理论可知，国外柔性版印刷技术研究处于趋于成熟的增长阶段，而国内相关研究已走过成熟期。

载文量是某期刊在某时期内所发表的论文数量，代表期刊在其专业领域内的学术影响力。经统计，柔性版印刷技术论文载文量前十位的国内外来源期刊见表1。由表1可见，国内柔性版印刷技术论文高度集中发表于《印刷杂志》等10种印刷包装类期刊，发文量排名前十的期刊合计发表645篇，占中文库论文总数66.0%；国外柔性版印刷技术论文的来源期刊相对分散，排名前10的期刊合计发表106篇，占外文库论文总数24.4%，除了发表于 *Advances in Printing and*

Media Technology、*Packaging Engineering*、*Digital Printing Technologies*、*Journal of Print and Media Technology Research*、*Technical Association of the Graphic Arts*、*Journal of Imaging Science and Technology* 6 种印刷包装类期刊外，也有很多发表于 *Nordic Pulp & Paper Research Journal*、*Tappi Journal* 等造纸类期刊，以及 *Organic Electronics*、*Journal of Applied Polymer Science* 等材料类期刊。

图 1　国内外柔性版印刷技术论文年度分布

表 1　国内外柔性版印刷技术论文的来源期刊分布

排序	期刊名称	载文量/篇	期刊名称	载文量/篇
1	《印刷杂志》	170	Nordic Pulp & Paper Research Journal	26
2	《今日印刷》	116	Advances in Printing and Media Technology	16
3	《印刷技术》	106	Packaging Engineering	11
4	《广东印刷》	59	Digital Printing Technologies	10
5	《包装工程》	41	Tappi Journal	5
6	《印刷质量与标准化》	37	Journal of Print and Media Technology Research	8
7	《中国印刷》	36	Organic Electronics	8
8	《印刷工业》	30	Technical Association of the Graphic Arts	8
9	《中国包装工业》	26	Journal of Imaging Science and Technology	8
10	《中国包装》	24	Journal of Applied Polymer Science	6
汇总		645		106

二、国内外柔性版印刷技术论文的作者及机构数量和分布

2001—2020年，国内977篇论文由501人完成，人均发文量1.95篇；国外435篇论文由528人完成，人均发文量0.82篇。以"个体科研人员在一定时期内所撰写的论文数量"即科学生产率（Scientific Productivity）来衡量，近20年国内柔性版印刷技术论文作者的平均科学生产率较高，但国外作者的合作度更高。

中外文库柔性版印刷技术论文作者的机构和地域分布统计见表2。中文库作者集中于高校、协会和印刷科研院所，发文量排名前十的机构包括北京印刷学院、西安理工大学等7所开设印刷包装专业的高校，中国印刷技术协会柔性版印刷分会和中国印刷及设备器材工业协会2家印刷协会，以及上海印刷技术研究所1家科研院所；排名前十的国内机构发文量177篇，占中文库相关论文总数的18.1%。外文库发文量排名前十的机构中有9所高校和1家科研院所，高校中除了北京印刷学院来自中国外，其余全部来自欧洲，1家科研院所为芬兰国家技术研究中心；排名前十的国外机构发文量130篇，占外文库相关论文总数的29.9%。国外发文前十的国家中有7个来自欧洲，发文总量321篇，占外文库相关论文总数的73.8%，可见研究机构和地域的高度集中，呈现明显的不均衡性；德国、美国、芬兰发文量位居前三，中国发文量居第四位，亚洲研究柔性版印刷技术排名居前的国家还有日本，发文量居第七位。在发文机构中，北京印刷学院走在国内外柔性版印刷技术研究的前列，发文量在中文库机构中位居第一，在外文库机构中位居第八。

表2 国内外柔性版印刷技术论文作者的机构和地域分布

排序	中文库机构	发文量/篇	外文库机构	发文量/篇	外文库所属国家	发文量/篇
1	北京印刷学院	29	Swansea Univ	18	德国	57
2	西安理工大学	24	Karlstad Univ	16	美国	44
3	中国印刷技术协会柔性版印刷分会	21	Wrsaw Univ Technol	16	芬兰	39
4	上海出版印刷高等专科学校	18	Tech Univ Chemnitz	15	中国	38

续表

排序	中文库机构	发文量/篇	外文库机构	发文量/篇	外文库所属国家	发文量/篇
5	江南大学	18	Abo Akad Univ	15	瑞典	38
6	陕西科技大学	16	Leibniz Univ Hannover	11	英国	29
7	中国印刷及设备器材工业协会	16	VTT Tech Res Ctr Finland	11	日本	22
8	上海印刷技术研究所	12	Beijing Inst Graph Commun	10	波兰	22
9	天津科技大学	12	Tech Univ Denmark	10	法国	16
10	武汉大学	11	Univ Zagreb	8	克罗地亚	16
合计		177		130		321

三、国内外柔性版印刷技术论文的研究热点分析

能够揭示文献核心内容的关键词或主题词在某一领域文献中出现的频次高低，可以用来确定该领域的研究热点和发展动向。对近20年来中外文库中柔性版印刷技术论文的关键词进行统计，并作同义词合并及无关词剔除处理，分别进行词频统计，得到前20位中英文高频关键词如表3所示，以及中英文关键词知识图谱如图2和图3所示。

表3　国内外柔性版印刷技术论文的高频关键词

排序	前20位中文关键词	频次	前20位英文关键词	频次
1	柔性版印刷	836	flexographic printing	153
2	水性油墨	94	film	29
3	柔性版印刷机	84	fabrication	21
4	包装印刷	82	ink	19
5	网纹辊	71	inkjet printing	16
6	印刷方式	48	polymer	15
7	标签印刷	46	print quality	15

续表

排序	前20位中文关键词	频次	前20位英文关键词	频次
8	凹版印刷	46	rhelology	12
9	印刷质量	39	coating	11
10	绿色印刷	34	water-based ink	10
11	瓦楞纸箱	31	biosensor	9
12	印版滚筒	30	printed electronics	9
13	网点扩大	28	device	9
14	柔印技术	24	layer	7
15	印刷工艺	23	paper	7
16	印刷压力	19	deinking	7
17	印刷设备	19	design	6
18	陶瓷网纹辊	19	screen printing	6
19	加网线数	17	electrode	6
20	承印材料	14	surface	6

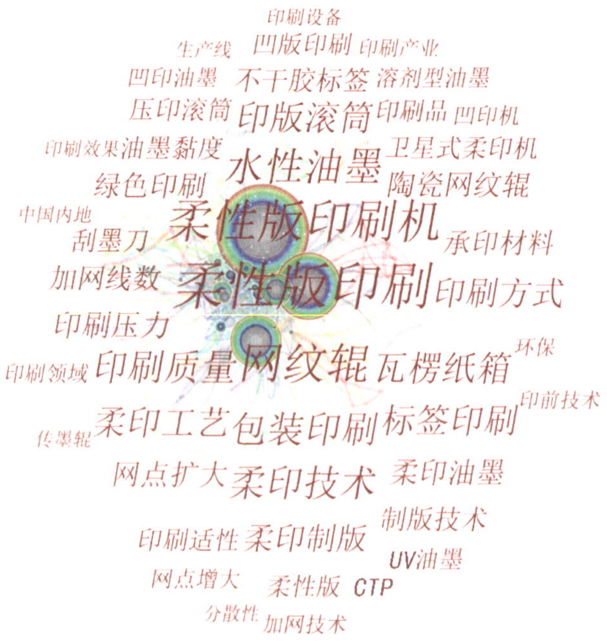

图2 国内柔性版印刷技术论文的关键词知识图谱

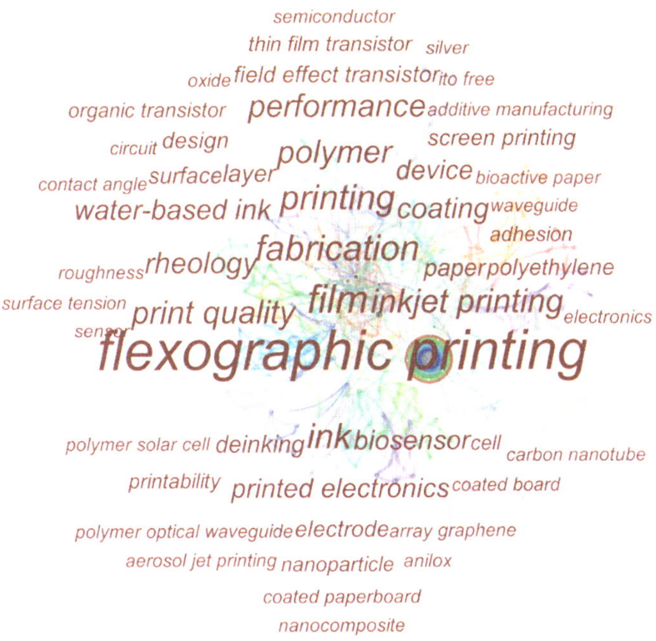

第三部分　标准解读与技术发展篇

图 3　国外柔性版印刷技术论文的关键词知识图谱

从图表可见，高频中英文关键词中重叠的有水性油墨、网纹辊、印刷质量、印刷设备、瓦楞纸箱、油墨黏度（流变性）、印刷适性等，揭示了国内外共同关注的柔性版印刷技术热点。国内论文高度集中在设备材料、工艺技术、适用产品等应用层面的研究。设备材料方面的高频关键词有水性油墨、柔性版印刷机、网纹辊、印版滚筒、承印材料、柔性版、卫星式柔印机、感光树脂版、溶剂型油墨、UV 油墨、刮墨刀、传墨辊等；工艺技术方面的高频关键词有印刷方式、印刷质量、网点扩大、印刷压力、加网线数、直接制版、油墨黏度、印刷适性、套筒技术、激光雕刻等；适用产品方面的高频关键词有包装印刷、标签印刷、瓦楞纸箱、软包装、折叠纸盒、烟包印刷等。国内论文常常把柔性版印刷方式与凹版印刷和胶版印刷进行比较。国外论文的研究热点相对较为分散，重点关注的有油墨、装备、薄膜、纸张、印刷质量、印刷适性等，更加关注生物传感器、印刷电子、脱墨处理、设计、薄膜晶体管、有机纳米管、增材制造等前沿基础研究。国外论文常常把柔性版印刷方式与数字印刷和丝网印刷进行比较。

123

四、国内外基金资助柔性版印刷技术论文分析

基金资助论文来源于期刊发表论文中获得各类基金资助的论文。获得基金资助的论文是政府部门、基金组织或企事业单位提供科研经费所进行研究的论文成果，往往反映了某个领域内理论研究和实践开展的前沿、热点、领先课题，是衡量论文学术质量的重要指标，也是科研活动产出的主要形式之一。基金资助论文往往代表着一个领域内的新动向、新趋势、制高点，尤其是国家级基金资助项目的研究成果一般来说更具创新性和突破性。基金对科学发展具有十分重要的意义，世界上大多数国家的科学论文受基金资助的比例在12%～15%，中国则超过24%。

中文库基金资助柔性版印刷技术论文如表4所示，机构以第一作者的第一署名单位为准。由表可知，中文库的基金资助论文仅15篇，占中文库相关论文数量的1.5%，比例极低，表明国内柔性版印刷技术研究受基金部门和研究者的关注程度很低；作者机构中14家为高校，其中西安理工大学发表论文5篇，占中文库基金资助柔性版印刷技术论文的三分之一，北京印刷学院2篇，华南理工大学、天津科技大学、中国科学技术大学、齐鲁工业大学、广州科技职业技术学院、浙江科技学院、郑州牧业工程高等专科学校各1篇，另一家非高校机构为中日友好环境保护中心；基金资助论文的主题围绕柔性版印刷质量、印刷适性、印刷压力、EB/UV技术、专色配色、质量检测、呈色模型、网点形状、环保油墨、软包装、复制特性、制版质量等方面进行。

表4 中文库受基金资助的柔性版印刷技术论文

序号	基金名称	论文标题	期刊/年份	作者机构
1	国家自然科学基金	涂布纸水性柔版印刷质量的影响因素综合分析	《包装工程》，2017	华南理工大学
2	国家自然科学基金	瓦楞纸板的发展趋势及水性油墨柔版印刷适性	《中国造纸》，2009	天津科技大学

续表

序号	基金名称	论文标题	期刊/年份	作者机构
3	国家自然科学基金	紫外光/电子束固化市场状况及发展趋势	《辐射研究与辐射工艺学报》，2001	中国科学技术大学
4	陕西省自然科学基础研究计划	基于图文信息的柔版印刷压力预测方法研究	《西安理工大学学报》，2020	西安理工大学
5	陕西省自然科学基础研究计划	基于径向基函数神经网络的柔印专色配色系统	《计算机应用》，2013	西安理工大学
6	陕西省自然科学基础研究计划	基于画面的柔版印刷质量检测技术的研究	西安理工大学硕士论文，2009	西安理工大学
7	陕西省教育厅科研计划	柔性版四色印刷呈色数学模型的研究	西安理工大学硕士论文，2001	西安理工大学
8	陕西省教育厅科研计划	柔性版印刷呈色数学模型的建立及其应用研究	西安理工大学硕士论文，2001	西安理工大学
9	北京市教育委员会科技发展计划	The Effect of Grid Shape on the Properties of Transparent Conductive Films Based on Flexographic Printing	Science China (Technological Sciences)，2014	北京印刷学院
10	北京市教育委员会科技发展计划	网点形状对柔版印刷阶调再现性的影响	《北京印刷学院学报》，2006	北京印刷学院
11	山东省科技计划	印刷压力和速度对瓦楞纸箱柔版印刷的影响	《齐鲁工业大学学报》（自然科学版），2015	齐鲁工业大学
12	国家重点研发计划	浅析绿色环保油墨对大气污染防治的推动作用	《塑料包装》，2020	中日友好环境保护中心
13	广州市哲学社会科学规划课题	软包装工艺及生产流程	《数码世界》，2019	广州科技职业技术学院
14	浙江省教育厅科研计划	新型柔性版的复制特性研究	《广东印刷》，2020	浙江科技学院
15	河南省科技攻关计划	柔印制版质量数字化控制方法的研究	《包装工程》，2012	郑州牧业工程高等专科学校

由于 Web of Science 数据库 2009 年起才开始统计论文的基金资助信息，因此无法得到 2001—2020 年外文库基金资助论文的准确数量，仅将外文库中资助柔性版印刷技术论文的前十大基金机构列出，如表 5 所示。由表可知，仅 2009—2020 年前十大基金机构资助的论文已达 104 篇，占外文库柔性版印刷技术论文的 23.9%，基金资助论文比例远高于中文库。其中，资助柔性版印刷技术论文最多的基金机构是欧盟委员会，其次是英国国家研究与创新署，中国国家自然科学基金、英国工程和自然科学研究委员会、德国研究基金会并列第三位。一般来说，这些基金资助论文的学术质量较高，代表了该领域的前沿热点，具有较高的参考价值。

中国国家自然科学基金资助的外文库柔性版印刷技术论文数量为 12 篇，具体情况如表 6 所示，机构以第一作者的第一署名单位为准。由表可见，全部论文发表时间集中在 2014—2020 年，特别是 2019—2020 年发表的基金资助论文占总数的 42%，表明近年来柔性版印刷技术研究开始受到国家级基金的支持和研究者的关注；作者机构全部为高校和科研院所，既有西安理工大学（2 篇）、武汉大学（1 篇）、北京印刷学院（1 篇）等开设印刷包装专业的高校，也有浙江大学（2 篇），以及华中科技大学、华南师范大学、江苏大学、青岛大学（各 1 篇），还有国家纳米科学与技术中心、中国制浆造纸研究院（各 1 篇），表明柔性版印刷技术研究受到专业院校、综合性高校和基础研究科研院所的共同关注；受资助论文的主题涵盖食品包装用羧甲基壳聚糖基可食用油墨的柔性版印刷及丝网印刷、水基油墨粒子对纤维素纤维的吸附机理、基于流固耦合法的中心压印滚筒模型分析、大面积有机太阳能电池的材料要求和模块化设计及印刷方法、温致变色光聚合物、柔性电子 3D 液体合金电路的高保真保形印刷、基于纳米铜导电油墨的柔性版印刷模式、适用于柔性版印刷油墨的具有良好印刷性能和流变性的新型水性 UV 固化超支化聚氨酯丙烯酸酯/二氧化硅、卫星式柔性版印刷机套筒机械性能及结构设计的改进、实验室纸张微纳米分析设备的制造及应用、基于非富勒烯小分子受体的无 ITO 柔性太阳电池的卷筒涂布制造、微流体纸基芯片的制造技术及应用等，反映了国家级基金所资助课题的前沿性和创新性。

表 5 外文库资助柔性版印刷技术论文的前十大基金机构

排序	基金机构	资助量（篇）
1	EUROPEAN COMMISSION	17
2	UK RESEARCH INNOVATION UKRI	13
3	NATIONAL NATURAL SCIENCE FOUNDATION OF CHINA NSFC	12
4	ENGINEERING PHYSICAL SCIENCES RESEARCH COUNCIL EPSRC	12
5	GERMAN RESEARCH FOUNDATION DFG	12
6	FEDERAL MINISTRY OF EDUCATION RESEARCH BMBF	9
7	FINNISH FUNDING AGENCY FOR TECHNOLOGY INNOVATION TEKES	9
8	NATIONAL SCIENCE FOUNDATION NSF	7
9	VINNOVA	7
10	FRENCH NATIONAL RESEARCH AGENCY ANR	6
合计		104

表 6 外文库受中国国家自然科学基金（NSFC）资助的柔性版印刷技术论文情况

序号	基金号码	论文标题	期刊/年份	作者机构
1	国家自然科学基金（51603153）	Flexographic and screen printing of carboxymethyl chitosan based edible inks for food packaging applications	FOOD PACKAGING AND SHELF LIFE，2020	Jiangsu Univ
2	国家自然科学基金（31670588）	The Adsorption Mechanism of Water-based Ink Particles onto Cellulosic Fibers	BIORESOURCES，2020	China Natl Pulp & Paper Res Inst
3	国家自然科学基金（51905420）	Modal analysis of central impression cylinder based on fluid-solid coupling method	JOURNAL OF LOW FREQUENCY NOISE VIBRATION AND ACTIVE CONTROL，2020	Xian Univ Technol

续表

序号	基金号码	论文标题	期刊/年份	作者机构
4	国家自然科学基金（21534003, 51773047, 21604017）	Large-Area Organic Solar Cells: Material Requirements, Modular Designs, and Printing Methods	*ADVANCED MATERIALS*，2019	China Natl Ctr Nanosci & Technol
5	国家自然科学基金（51561135014, U1501244, 2161101058）	Temperature-Responsive, Multicolor-Changing Photonic Polymers	*ACS APPLIED MATERIALS & INTERFACES*，2019	South China Normal Univ
6	国家自然科学基金（U1613204, 51575216）	High-Fidelity Conformal Printing of 3D Liquid Alloy Circuits for Soft Electronics	*ACS APPLIED MATERIALS & INTERFACES*，2019	Huazhong Univ Sci & Technol
7	国家自然科学基金（61474144）	Flexography Printed Pattern Based on Nano-Copper Conductive Ink	*APPLIED SCIENCES IN GRAPHIC COMMUNICATION AND PACKAGING*，2018	Beijing Inst Graph Commun
8	国家自然科学基金（51776143）	Novel Waterborne UV-Curable Hyperbranched Polyurethane Acrylate/Silica with Good Printability and Rheological Properties Applicable to Flexographic Ink	*ACS OMEGA*，2017	Wuhan Univ
9	国家自然科学基金（11272253, 51305341, 51505376）	Mechanical Property and Structure Improvement of Sleeve Mandrel in Central Impression Flexographic Press	*ADVANCED GRAPHIC COMMUNICATIONS AND MEDIA TECHNOLOGIES*，2017	Xian Univ Technol
10	国家自然科学基金（21305133, 21575071, 21307120）	Lab-on-paper micro- and nano-analytical devices: Fabrication, modification, detection and emerging applications	*MICROCHIMICA ACTA*，2016	Qingdao Univ

续表

序号	基金号码	论文标题	期刊/年份	作者机构
11	国家自然科学基金（51261130582, 91233114）	Roll-coating fabrication of ITO-free flexible solar cells based on a non-fullerene small molecule acceptor	*RSC ADVANCES*, 2015	Zhejiang Univ
12	国家自然科学基金（20890020）	Fabrication Techniques of Microfluidic Paper-Based Chips and Their Applications	*PROGRESS IN CHEMISTRY*, 2014	Zhejiang Univ

五、结语

通过对2001—2020年国内外柔性版印刷技术论文的数量及分布、作者及机构、研究热点和基金资助论文四个方面的计量分析可以发现：近20年来国内论文数量均高于国外论文数量，国内论文在2001—2007年增长较快，2007年达到峰值后处于较快下行的趋势，而国外论文基本呈现稳中上升的趋势；国内发文高度集中于印刷包装类专业技术期刊，而国外发文期刊较为分散，作者合作度更高，国内外作者均集中于高校及科研院所等机构，国内外高发文区域及机构的论文数量均远远高于其他区域及机构，呈现明显的不均衡性；高频中英文关键词揭示的国内外共同关注的研究热点有水性油墨、网纹辊、印刷质量、印刷设备、瓦楞纸箱、油墨黏度（流变性）、印刷适性等，国内论文高度集中在设备材料、工艺技术、适用产品等应用层面的研究，而国外研究热点相对较为分散，更加关注生物传感器、印刷电子、脱墨处理、设计、薄膜晶体管、有机纳米管、增材制造等前沿基础研究；中文库的基金资助论文比例极低，一定程度上反映了国内柔性版印刷技术研究受研究者和基金部门的关注程度很低，外文库的基金资助论文比例远高于中文库，国家自然科学基金资助论文具备较高的前沿性和创新性。当然，从中外文库论文分析得到的国内外柔性版印刷技术研究的差异，部分原因也在于中外文库本身所收录的文献就存在差异。

国内外论文的对比分析结果显示，中文库柔性版印刷技术的研究经历21世纪初的快速增长后，近十余年来研究热度下降，更关注柔性版印刷设备材料、工艺技术、适用产品等应用层面的研究，有创新性的前沿研究成果较少。而外文库论文的研究对象更新颖，研究热点更前沿，国内从业者可以借鉴这些研究经验，并重点关注受国家自然科学基金等重要基金资助课题的产业化实施，促进更高水平的研究成果、引领柔性版印刷领域的高质量发展。

MnO$_x$ 改性的斜发沸石及其在油墨废水净化中的应用

顾萍　龚云　乔俊伟　钱志伟　朱钰方

近年来，虽然印刷工业得到了迅速发展，但印刷生产过程中，会产生高色度的油墨废水。废水间歇性排放，且水质水量随时间变化较大，给废水的工程设计、运行管理增加了困难。油墨废水中含有大量不可生物降解的化合物，如重金属Hg、颜料、黏合剂等。油墨废水具有色度高、化学需氧量（COD）大的特点，因此，从环境保护和人类安全的角度出发，油墨废水的净化处理势在必行。

现阶段，国内外处理油墨废水的主要方法有混凝沉淀法、先进的氧化还原法、生物处理法、电化学混凝法、过滤吸附法等。但这些方法存在很多不足之处，一方面是对难以生物降解的大分子有机物处理效果差；另一方面其工艺复杂、成本较高。所以，寻求一种经济、高效的油墨废水处理方法具有重要实际应用价值。

微孔沸石是一种具有微孔（孔径<2nm）的硅铝酸盐材料，其比表面积大、吸附容量大，且由于其独特的笼状结构和较强的酸性，可作为吸附剂或者催化剂使用，在选择性催化、过渡态分子和产物分子的有效分离等方面得到了广泛应用。更重要的是，沸石分子筛作为吸附剂具有其他吸附剂所不及的特性：① 根据分子大小不同选择吸附；② 根据分子极性大小选择吸附；③ 根据分子不饱和程度选择吸附；④ 在低吸附质浓度和较高吸附温度下具有较高的吸附能力；⑤ 沸石虽具有较高的热稳定性，但不会燃烧，对人体无害。天然沸石分布广泛、价格低廉，因此，微孔沸石分子筛被用于吸附废水中的有害成分。MnO$_x$ 由于具有优异

的氧化还原性能、多种可变的价态（从 Mn^{2+} 到 Mn^{7+}）、多样的晶体结构、丰富的形貌特征、低廉的成本、较高的比表面积以及对环境友好等优点，在环境领域得到了广泛应用。更重要的是，MnO_x 可以催化产生羟基自由基对有机物进行降解，因此，开发一种集合吸附富集、催化降解的油墨废水处理工艺可以更有效地净化废水。

本文通过对天然斜发沸石进行改性，利用氧化还原沉淀法制备 MnO_x 均匀负载的天然斜发沸石。利用天然斜发沸石的吸附作用和 MnO_x 氧化物的催化降解作用对油墨废水进行净化处理。系统地考察处理时间和处理温度对油墨废水 COD 和色度去除率的影响规律，针对该材料体系提出可能存在的净化机理，为低成本、高效地处理油墨废水提供一种新的方法。

一、实验

（一）材料和设备

高锰酸钾（$KMnO_4$）和乙醇均来自国药，天然斜发沸石来自信阳，其组分见表1。

表1 天然斜发沸石组分

组成	SiO_2	Al_2O_3	Fe_2O_3	CaO	MgO	Na_2O	K_2O	其他
质量分数 /%	69.75	23.86	0.86	1.81	0.93	0.82	1.9	0.07

油墨废水来自上海某国有印刷企业，外观呈黑绿色，水质组分复杂、差异大，有机物含量较高、成分复杂，且多为水溶性污染物，难以生物降解。实验中油墨废水中的主要污染物来自印刷机器上的废弃水性油墨，成分包含丙烯酸、乙苯乙烯系列的水溶性树脂，质量分数约为22%；有机颜料和无机颜料，质量分数约为30%；分散剂以水为主，也包含一些有机醇和苯类，其中水的质量分数约为20%，大分子量的醇基或苯基分散剂的质量分数约为15%；表面活性剂的质量分数约为10%，其他助剂的质量分数约为5%。

油墨废水来自某印刷企业，废水的初始水质情况如表2所示。

表2　油墨废水的初始水质

水质指标	pH	COD/（mg·L^{-1}）	色度/倍
数值	7.45	13311	55772

透射电镜分析在JEOL 200CX场发射透射电子显微镜（Field Emission Transmission Electron Microscopy，FTEM）上进行，加速电压为200 kV。粉末X射线衍射（X-ray Powder Diffraction，XPD）在Rigaku D/MAX-2200PC型X射线衍射仪上进行，采用Cu靶Kα射线，工作电压、电流分别为40 kV、40 mA，其扫描速度为4°/min。N_2吸附脱附分析在Micromeritics TriStar 3020型比表面仪上进行，所有样品测试前均在N_2气氛中、150 ℃下脱气6 h，样品的比表面积通过Brunauer-Emmet-Teller（BET）方法计算获得。用重铬酸钾和硫酸钴配成标准色列，用上海美谱达UV-6100s双光束型紫外可见分光光度计进行溶液吸光度测定比色。用HACH-DRB200消解仪和HACH-DR 3900可见分光光度计对水样的COD进行检测。

（二）方法

1. MnO_x改性斜发沸石的合成

第一步，将0.5 g的高锰酸钾（$KMnO_4$）加入到50 mL的去离子水中搅拌至溶解；第二步，加入2 g的天然沸石，在80 ℃条件下持续搅拌2 h；第三步，加入10 mL乙醇溶液，在80 ℃条件下持续搅拌2 h；第四步，产物通过离心水洗3次，随后在100 ℃的烘箱中干燥8 h，在550 ℃高温炉中煅烧6 h，即可得到最终的MnO_x改性斜发沸石。

2. 油墨废水净化过程

分别将1 g天然斜发沸石和MnO_x改性的斜发沸石加入到100 mL的油墨废水中，在20 ℃条件下分别处理15 min、30 min、45 min，然后离心取上清液分析废水中的 COD 和色度，研究反应时间对油墨废水净化性能的影响。

分别将 1 g 的天然斜发沸石和 MnO_x 改性的斜发沸石加入到 100 mL 的油墨废水中，在 20℃、30℃、50℃条件下分别处理 30 min，然后离心取上清液分析废水中的 COD 和色度，研究反应时间对油墨废水净化性能的影响。

二、结果和讨论

（一）材料物化性能表征分析

天然斜发沸石和 MnO_x 改性斜发沸石的 XRD 图谱见图 1。通过和 XRD 标准图谱（PDF—39—1383）对比，天然沸石属于斜发沸石，其在 9.8°、22.46°、26.25°、29.77°四处有强衍射峰，表明了其属于斜发沸石。经过 MnO_x 改性处理后，沸石的衍射峰强度虽明显减弱，但依然保持了天然斜发沸石的主要衍射峰。除此之外，观察不到任何 Mn 氧化物的衍射峰，说明 MnO_x 被均匀地分散于天然斜发沸石中。衍射峰减弱暗示了其晶化程度的弱化，这可能归因于天然斜发沸石表面 MnO_x 的负载。

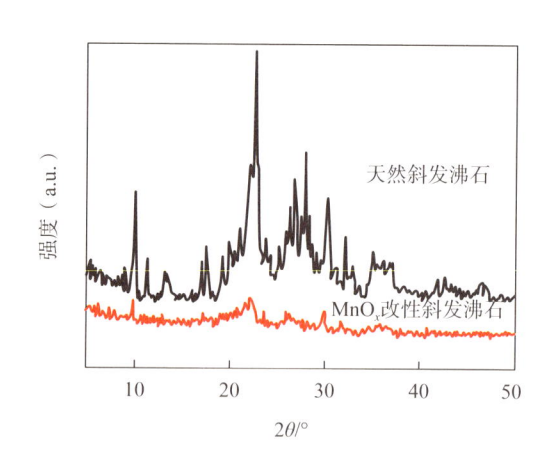

图 1 天然斜发沸石和 MnO_x 改性斜发沸石的 XRD 图谱

天然斜发沸石和 MnO_x 改性斜发沸石的孔结构特征见图 2，孔结构具体参数见表 3。可以发现，MnO_x 改性斜发沸石的比表面积（36 m^2/g）和孔容量（0.11 cm^3/g）大于天然斜发沸石的比表面积（26 m^2/g）和孔容量（0.07 cm^3/g）。除此之外，MnO_x 改性斜发沸石具有更宽的孔径分布（5~10 nm，30~50 nm），其主要是来自颗粒之间的堆积孔。相比于天然斜发沸石，改性沸石大的比表面积和孔容量以及孔径分布更有助于油墨废水中大分子有机物的吸附。

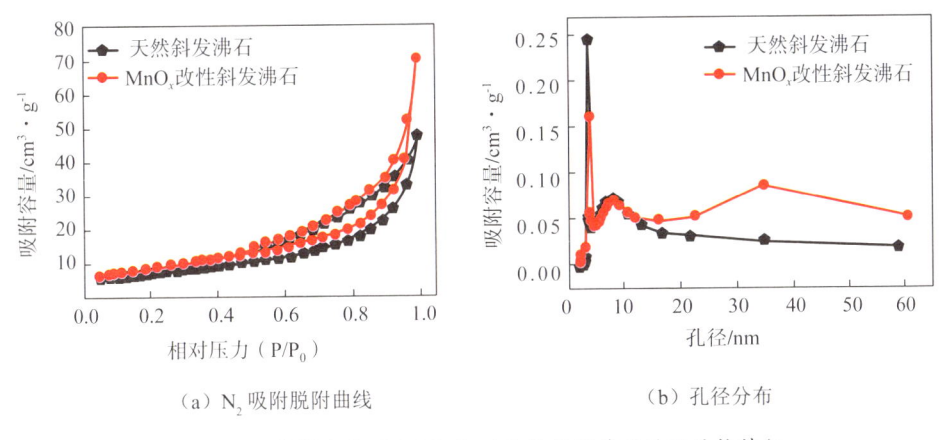

（a）N_2 吸附脱附曲线　　　　（b）孔径分布

图 2　天然斜发沸石和 MnO_x 改性的斜发沸石的孔结构特征

表 3　材料的孔结构参数

材料	BET 比表面积 /（$m^2 \cdot g^{-1}$）	孔容量 /（$cm^3 \cdot g^{-1}$）	孔径分布 /nm
天然斜发沸石	26	0.07	5~10
MnO_x 改性斜发沸石	36	0.11	5~10，30~50

SEM 图被用来表征天然斜发沸石和 MnO_x 改性斜发沸石的形貌及微观特征。由图 3 的 SEM 图可知，天然斜发沸石呈片状形貌特征；MnO_x 改性斜发沸石基本保持了天然斜发沸石的形貌结构，均由纳米片组成。此外，MnO_x 以颗粒状均匀地分散于整个沸石表面，沸石表面变得更加粗糙。较高的 MnO_x 分散度有助于暴露更多的化学位点，粗糙表面有助于油墨沸石中有机物的吸附，有望进一步改善对油墨废水的净化效果。

(a) 天然斜发沸石　　　　　　(b) MnO$_x$改性斜发沸石

图 3　天然斜发沸石与 MnO$_x$ 改性斜发沸石的 SEM 图

（二）油墨废水净化性能分析

一般情况下，影响油墨废水 COD 和色度的因素很多，如材料的投放量、处理温度、处理时间、油墨废水的 pH 等。其中，材料处理温度与处理时间对油墨废水 COD 和色度的影响最大。因此，实验重点探究天然斜发沸石和 MnO$_x$ 改性斜发沸石处理时间和处理温度对油墨废水 COD 和色度的影响规律，分别见图 4、图 5。

天然斜发沸石和 MnO$_x$ 改性斜发沸石不仅对油墨废水的 COD 和色度都表现出很高的去除率，且油墨废水的 COD 和色度随着反应时间的延长进一步降低，如图 4 所示。在很短的处理时间（15 min）内，天然斜发沸石和 MnO$_x$ 改性斜发沸石表现出了卓越的油墨废水净化性能。在 20 ℃的环境中，用天然斜发沸石处理油墨废水 15 min，COD 降低到了 400 mg/L，COD 的去除率高达 97%；色度降低到 794 倍，色度去除率高达 98%，对油墨废水表现出极其优异的净化性能。更重要的是，经过 MnO$_x$ 改性的斜发沸石表现出比天然斜发沸石更优异的净化效果。在 20 ℃的环境中，用 MnO$_x$ 改性的斜发沸石处理油墨废水 15 min，COD 降低到了 280 mg/L，COD 的去除率高达 98%；色度降低到 472 倍，色度去除率高达 99%。MnO$_x$ 改性斜发沸石优异的油墨废水净化性能可能归因于 MnO$_x$ 的引入不仅增大了比表面积和孔容，改善了有机物的吸附容量，而且 MnO$_x$ 的引入也创造了更多的化学位点，促进了油墨废水中有害成分的吸附降解。

(a) COD

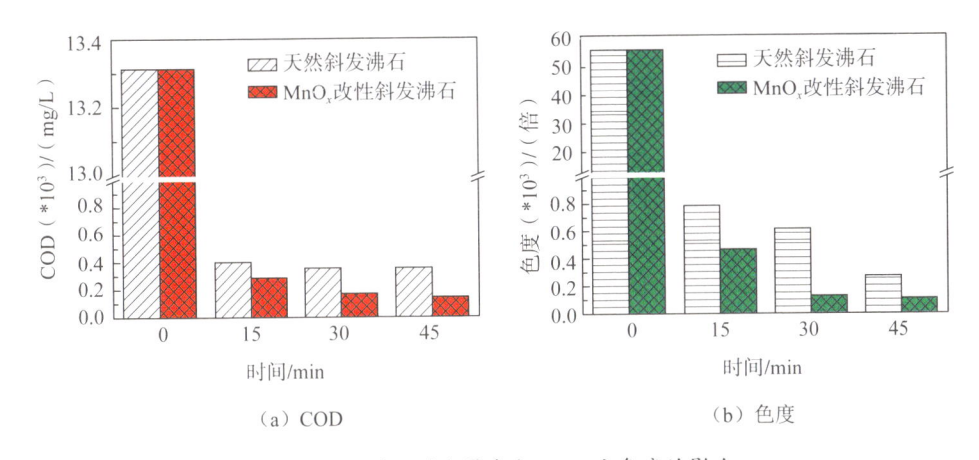

(b) 色度

图 4　处理时间对油墨废水 COD 和色度的影响

此外，实验还研究了处理温度对油墨废水 COD 和色度的影响，见图 5。考虑到环境温度的变化，在这里我们分别选取 20℃、30℃、40℃作为温度条件。由图 5 可知，在不同的温度条件下，MnO_x 改性的斜发沸石表现出比天然斜发沸石更优异的净化效果。天然吸附沸石在 20～40℃下都表现出相对稳定的油墨废水净化性能，COD 在 400～248 mg/L 范围内，色度在 794～342 倍范围内。对于 MnO_x 改性的斜发沸石，随着温度升高，COD 持续下降，在 40℃条件下降至 124 mg/L，然后色度则在 30℃条件下降到最低（80 倍，去除率）。这可能是因为随着温度升高，一些吸附在活性组分 MnO_x 上面的有机物脱附出来，进而导致废水中的色度值得到升高。由此可知，MnO_x 改性的斜发沸石对油墨废水的最佳处理温度应该为 30 ℃。

(a) COD

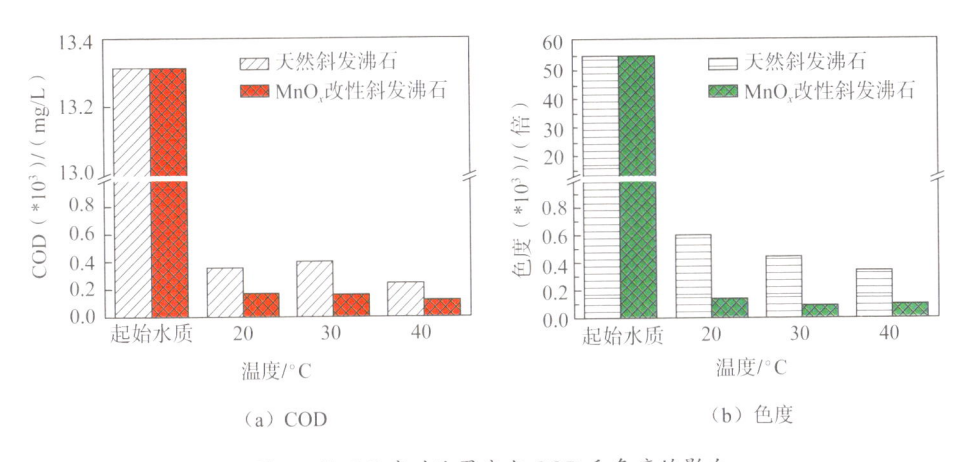

(b) 色度

图 5　处理温度对油墨废水 COD 和色度的影响

目前，采用其他工艺处理油墨废水也取得了很好的进展。其中，通过采用混凝－热固化联合空气吹脱法处理高浓度水性油墨废水，在最优条件下，COD的去除率达91.00%，色度去除率达99.00%；利用聚酰胺－胺树形分子改性的沸石在最佳试验条件下，油墨废水的COD和色度去除率分别达到了93.7%和98.1%。现行的国家标准《油墨工业水污染物排放标准》（GB 25463—2010）中指出，新建企业COD直接排放浓度限值为120 mg/L，间接排放浓度限值为300 mg/L，色度为80倍。实验结果表明，对高浓度的水性油墨直接用改性沸石进行净化处理，在最优的条件下，MnO_x改性斜发沸石可以使水性油墨废水中的COD降至124 mg/L（去除率为99.07%），色度降到80倍（去除率为99.86%），不仅优于目前文献报道的数值，且完全可以达到间接油墨废水国家排放标准。此外，随着反应时间的进一步延长，MnO_x改性斜发沸石也可以使水性油墨废水的COD浓度进一步降低，达到国家直接排放标准，这进一步说明了氧化物改性斜发沸石的优越性。

（三）改性沸石对油墨废水的净化机理探讨

斜发沸石是一种富含碱金属和碱土金属的硅铝酸盐，其具有亲水性和较高的吸附容量。由于沸石具有小的微孔尺寸，一些大分子的有机物无法进入到沸石内部，阻碍了大分子有机物的扩散传质，因此，油墨废水中高色度的有机物更容易被吸附在沸石表面。当沸石表面吸附有机物达到饱和后，油墨废水中的有害成分将无法被降解去除。然而，经过MnO_x改性的斜发沸石，不仅具有更高的比表面积和孔容量，而且还具有较宽的孔径分布，因此，相比于天然吸附沸石，MnO_x改性斜发沸石粗糙的表面和较宽的孔径分布有助于大分子有机物的扩散传质，使其吸附降解不仅发生在沸石表面，而且也能在沸石内部进行有机物的吸附降解。

此外，天然斜发沸石的本征催化活性很低，经过MnO_x改性的斜发沸石则是一种氧化型催化剂，高度分散的MnO_x作为高活性组分，不仅能够实现油墨废水中有机物的吸附，而且能够将部分吸附的有机物催化降解为无毒无害的小分子有机物，甚至是矿化为无机的CO_2。综上所述，在油墨废水的处理中，MnO_x改性的斜发沸石表现出比天然斜发沸石更低的COD和色度。

三、结语

本文对天然沸石进行改性实验，通过氧化还原沉淀法制备出 MnO_x 高度分散的斜发沸石，具有高的比表面积（36 m^2/g）和孔容量（0.11 cm^3/g）以及较宽的孔径分布（5～10 nm，30～50 nm）。在油墨废水的处理中，MnO_x 改性的斜发沸石表现出比天然斜发沸石更优异的净化性能。在 20 ℃条件下处理 15 min，MnO_x 改性的斜发沸石对废水的 COD 和色度去除率分别可以达到 98% 和 99% 以上，且随着反应时间的延长，COD 和色度值呈现出持续下降的趋势。此外，MnO_x 改性的斜发沸石对油墨废水的最佳处理温度为 30 ℃，反应温度升高会使吸附的有机物被释放出来，导致色度值的增加。MnO_x 改性斜发沸石优异的油墨废水净化性能归因于其较高的比表面积、较宽的孔径分布以及高度分散的高活性组分 MnO_x。

基于 SLA 3D 打印技术的柔性版制版可行性研究

郑亮　孔玲君　李春梅

目前市场上主要有胶片成像技术、激光直接成像技术（CDI）、柔版直雕技术等几种柔性版制版技术，其中前两种是当前的主流技术。这些技术的制版过程均属于减材料制造的过程。以 3D 打印为代表的增材制造技术，从原理上讲也可以应用于柔性版制版。

已经有几项专利分别公开了几种利用 3D 打印制作柔性印版的方法和设备，都是使用 3DP（Three Dimension Printing）技术，将材质用喷头喷射到基底，再经光固化得到印版。在这些技术中，喷头的堵塞、每次喷涂完成后要在光照或 80～200℃加热的条件下完成交联固化，都可能导致制版结果质量的不确定性。本文选用的 SLA 3D 打印技术，用激光照射感光树脂成型，可以避免以上问题，有利于形成稳定的基于增材制造技术的柔性版制版工艺。目前市场上并没有与柔版制版工艺参数接近的 SLA 3D 打印设备，本文设计了实验，分析使用 SLA 3D 打印设备完成柔性版制版的可行性。

一、3D 打印技术成型结果检测要素和方法

印刷元素可以分为图像、图形、文字，在印版上分别表现为点、线和面。线和面构成了大部分的图形、文字，是印刷品上最常见的页面元素，对于现阶段的 3D 打印设备成型而言也比较容易。本文主要针对线条，检测 SLA 3D 打印技术

产品的成型质量。相对而言，图像网点小而密，对成型工艺要求很高，这将是下一步研究的方向。

检测过程是将 3D 打印成型结果经数字化得到数字图像，运用图像处理技术检测成型结果的线条数据。

（一）线宽

线宽为线条的平均宽度，沿垂直于线条中心线的方向，计量线条一侧边缘阈值到另一侧边缘阈值的宽度，其中边缘阈值定义为反射系数的 60%。

计算线宽时，先由数字图像的像素值折算到明度值，并计算反射系数；将反射系数等于 60% 的点连接起来，形成阈值等高线；每个垂直于线条中心线方向的位置都有两个反射系数等于 60% 的点，记为 A_{60i}、B_{60i}。如果测量点为 n 个，则线宽的计算公式为

$$W = \frac{1}{n}\sum_{i=1}^{n}|A_{60i} - B_{60i}| \qquad （1）$$

（二）线条边缘直线度

线条边缘从理想位置产生几何畸变，呈现锯齿状或波浪形状，偏离了理想直线形状的平滑边缘。本文借鉴 ISO 13660 标准，以线条边缘粗糙度评价线条边缘直线度。线条边缘粗糙度定义为拟合到边缘阈值后形成的剩余部分的标准差。

在确定粗糙度数值时，如同测量线宽过程一样，先形成阈值等高线；再将构成阈值等高线的所有点以最小二乘法拟合到直线，每一个阈值等高线上的点与拟合直线的距离为拟合后的剩余部分。然后，通过计算剩余部分的标准差得到线边缘粗糙度。测线两侧测点个数设为 n，m。由于测线两侧测点一般对称分布，即 $n=m$。线边缘粗糙度的公式为

$$\sigma = \sqrt{\sum_{i=1}^{n}\frac{(D_{60i} - D_{60})^2}{2n-1}} \qquad （2）$$

式中 D_{60} 为所有 60% 反射系数测量点到拟合直线的平均距离；D_{60i} 为等高线位置编号为 i 处的 60% 反射系数测量点到拟合直线的距离。其中，D_{60i} 应分别从线条两侧向中心计算，数值都为正。线条宽度和线条边缘粗糙度的测量原理如图 1 所示。

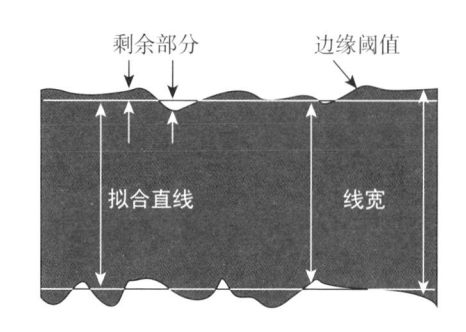

图 1　线条宽度和线条边缘粗糙度的测量原理

二、实验设计

使用 Adobe Illustrator 软件制作不同粗细的水平线条和垂直线条，并用市场主流技术制作柔性版。使用图像数字化设备，以 600dpi 精度将印版捕获为数字图像。按上文所述算法进行图像处理，分析计算得到线宽及线条边缘粗糙度数据作为比较基准。

将二维线条数据转换为三维模型，并使用光固化成型法 3D 打印设备输出为模拟印版。实验使用的光固化 3D 打印设备激光扫描寻址精度为 0.001mm，光斑直径为 0.1mm。考虑到现有光固化 3D 打印设备的光斑尺寸相对于印版制作精度来讲是比较大的，故测试版上的是最小线宽，设定为 0.4mm。用上述方法分析计算得到线宽及线条边缘粗糙度数据，与柔性版数据进行比较，判断使用增材制造技术完成柔性版制版的可行性。

三、结果分析

（一）线宽

光固化 3D 打印结果经上文所述的图像处理过程，测量得到的线宽数据见表 1，其中成型线宽、线宽误差两项为 3D 打印结果水平线和垂直线的平均值。比较 3D 打印线宽误差平均值与柔性版数据，可以看出，二者在线宽误差方面基本一致。

表 1　线宽测量数据　　　　　　　　　　　　　　单位：mm

理想线宽	0.40	0.50	0.60	0.70	0.80	0.90	1.00	1.10	1.20	线宽误差平均值 r	线宽误差标准差
成型线宽	0.47	0.53	0.61	0.68	0.77	0.87	0.96	1.08	1.17		
线宽误差	0.07	0.03	0.01	-0.02	-0.03	-0.03	-0.04	-0.02	-0.03	-0.01	0.03
柔性版数据										0.01	0.01

图 2 所示为光固化 3D 打印结果水平线和垂直线的成型线宽。从图中可以看出，水平线与垂直线的线宽总体上没有明显差异，这说明光固化 3D 打印没有明显的方向性，打印结果不会因为图文方向不同而产生明显的差异。

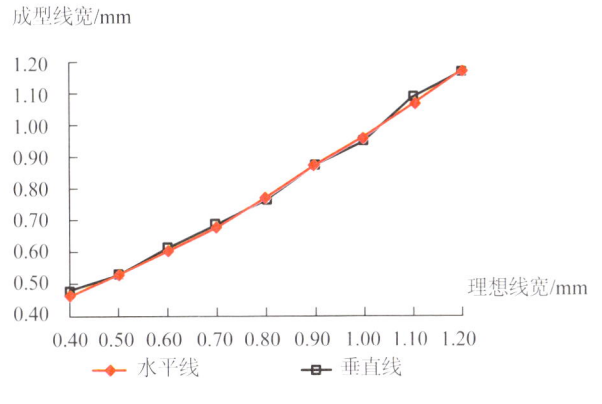

图 2　光固化 3D 打印成型线宽

从图中可以看出，测试版上的 9 条线中，除理想线宽为 0.4mm 的线条线宽误差比较大以外，其他线条的线宽误差都比较小，而且分布在一个比较小的范围以内，表 1 中的数据表明，线宽误差的标准差为 0.03，与柔性版数据 0.01 相差不大。这也说明，通过输出设备的线性化校正降低成型线宽的误差是可行的，也是比较方便的。

（二）线条直线度

如上所述，本文通过线条边缘粗糙度来评价光固化 3D 打印结果的线条直线度。经图像处理、分析计算后得到的线条边缘粗糙度数据见表 2，其中线条边缘粗糙度为 3D 打印结果水平线和垂直线的平均值。比较可知，3D 打印结果的线条边缘粗糙度与柔性版数据比较接近，说明两种技术形成的线条直线度大致相同。3D 打印结果的线条边缘粗糙度略大于柔性版数据，造成这一结果的原因是实验选用的光固化 3D 打印设备的激光光斑直径较大所致。

在表 2 中，大多数线边缘粗糙度保持在 1.5mm 左右，即线边缘粗糙度与线宽没有直接关系。如果 SLA 3D 打印装置的激光光斑减小，3D 打印精度提高，则得到的线条边缘粗糙度应更小，更接近柔印版的数据。

表 2　线条边缘粗糙度测量数据

理想线宽/mm	0.40	0.50	0.60	0.70	0.80	0.90	1.00	1.10	1.20	边缘粗糙度平均值	边缘粗糙度标准差
线条边缘粗糙度	1.58	1.48	0.99	1.65	1.53	1.37	1.13	1.97	1.44	1.46	0.27
柔性版数据										1.10	0.20

图 3 所示为光固化 3D 打印结果水平线和垂直线的线条边缘粗糙度。从图中可以看出，水平线与垂直线的线条边缘粗糙度没有明显规律，这同样说明 3D 打印没有明显的方向性，成型结果不会因为图文方向不同而产生明显的差异。

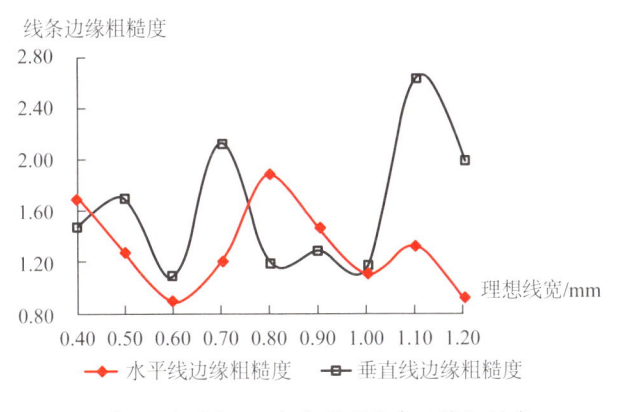

图 3　光固化 3D 打印成型线条边缘粗糙度

四、结语

根据以上的实验结果分析，可以得出以下结论：

（1）在线宽、线条边缘直线度方面，光固化 3D 打印结果与市场主流柔版制版技术大致相当。由此可以得出，使用光固化 3D 打印技术完成柔性版制备是可行的。

（2）光固化 3D 打印没有明显的方向性，印版成型结果不会因为图文方向不同而产生明显的差异。

（3）光固化 3D 打印结果在线宽误差、线条边缘直线度方面与线宽没有直接关系，方便在制作印版模型和输出印版过程中进行线性化校正。

（4）市场上现有的光固化 3D 打印设备激光光斑直径不能满足高精度的柔版制版需要，如需要使用增材制造技术完成柔性版制备，必须进行设备改造。

柔性版印刷机印刷压力与合压量关系研究

袁英才　刘德喜　徐嘉妮　匡金虎　何喆

在印刷过程中，需要印刷压力来实现油墨的转移，适当而又均匀的印刷压力是印刷品质量保障的基础。印刷压力与合压方式、合压量、滚筒直径、滚筒表面状态以及承印物材料等因素有关，国内外学者对印刷压力及检测方法进行了较为深入的研究。Hallberg Erik等人对瓦楞纸板的柔性印刷过程的压力进行分析并通过压力测试研究印刷压力变化对印刷质量的影响。Johnson Johanna等人对柔性印刷过程中的印刷压强进行测试，并指出印刷压强与合压量关系紧密，而印刷速度和滚筒材料对印刷压强影响不大。Kim Youngjin等人对印刷电子的卷对卷印刷过程中的滚筒跳动对印刷压力的影响进行了分析。刘琳琳、李文威、邱超等人分别用有限元方法对印刷滚筒压力进行仿真分析，对印刷压力测试方法进行研究。本文采用理论分析与实验相结合的方法，对柔性版印刷压力和最大印刷压强与合压量的关系进行研究。

一、柔性版印刷机滚筒接触状态分析

在柔性版印刷单元中，印版和压印装置均采用圆形滚筒。假设印版滚筒的半径为R_1，单位为mm；压印滚筒的半径为R_2，单位为mm；两个滚筒的中心距A，单位为mm。当两个滚筒的中心距小于两滚筒半径之和，即$A<R_1+R_2$时，表明两滚筒接触，它们之间将产生压力，称为合压状态。

由于柔性版印刷中印版滚筒的弹性模量远远小于压印滚筒的弹性模量，压印滚筒的变形量可以忽略不计，因此，印版滚筒的最大压缩变形量即为印版滚筒与压印滚筒的合压量。合压时印版滚筒与压印滚筒之间的接触状态如图1所示。

印版滚筒的压缩变形量由印版被压平量和压印滚筒压入量组成。设印版滚筒的最大压缩变形量为 λ_{max}，单位为 mm；印版被压平量为 λ_1，单位为 mm；压印滚筒压入量为 λ_2，单位为 mm；接触区宽度为 b，单位为 mm，则有

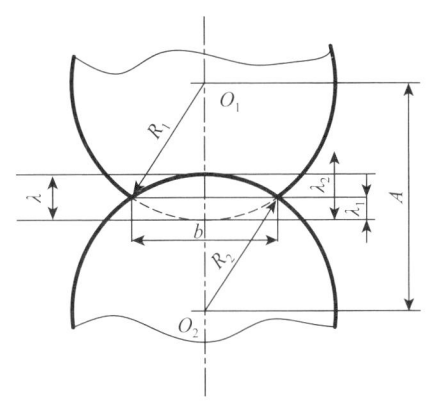

图1 滚筒合压接触区

$$\lambda_{max} = \lambda_1 + \lambda_2 = R_1 + R_2 - A \tag{1}$$

滚筒接触所依据的几何关系：

$$\left(R_1 - \lambda_1\right)^2 + \left(\frac{b}{2}\right)^2 = R_1^2 , \quad \left(R_2 - \lambda_2\right)^2 + \left(\frac{b}{2}\right)^2 = R_2^2 \tag{2}$$

将上述两式展开，并略去高阶小量，可以得到近似公式：

$$\lambda_1 = \frac{b^2}{8R_1} , \quad \lambda_2 = \frac{b^2}{8R_2} \tag{3}$$

则印版滚筒最大变形量为

$$\lambda_{max} = \lambda_1 + \lambda_2 = \frac{b^2 \left(R_1 + R_2\right)}{8R_1 R_2} \tag{4}$$

因此，可求得两滚筒印刷时接触区宽度 b 的计算公式：

$$b = 2\sqrt{\frac{2R_1 R_2}{R_1 + R_2} \lambda_{max}} \tag{5}$$

当两滚筒直径相等时，即 $R_1 = R_2 = R$，圆压圆形印刷机印刷滚筒接触区宽度为

$$b = 2\sqrt{R \lambda_{max}} \tag{6}$$

二、柔性版印刷机印刷压强和印刷压力分析

根据胡克定律，印刷压强 p 为

$$p = E(\lambda)\frac{\lambda}{\delta} \tag{7}$$

式（7）中 p 为印刷压强，单位为 MPa；$E(\lambda)$ 为柔性印版的弹性模量，单位为 MPa；λ 为印版压缩变形量，单位为 mm；δ 为柔性印版的厚度，单位为 mm。

在滚筒接触区，印版的变形量并不相同。最大印刷压强 p_{max}，单位为 MPa，出现在印版压缩量最大之处，即两滚筒中心连线处。由式（7）得，最大印刷压强计算公式为

$$p_{max} = E(\lambda)\frac{\lambda_{max}}{\delta} \tag{8}$$

为求压印滚筒与印版滚筒间的印刷压力，在接触区中取微面积 dS，单位为 mm^2，如图 2 所示。由式（7）得微面积上的印刷压力为

$$dF = E(\lambda)\frac{\lambda}{\delta}dS \tag{9}$$

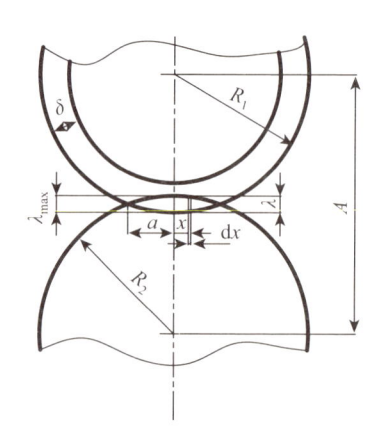

图 2　印刷压强分析

由图 2 及式（1）可知，接触区任意位置 x 处的印版压缩量为

$$\lambda = \lambda_{\max} - \left(R_1 - \sqrt{R_1^2 - x^2} + R_2 - \sqrt{R_2^2 - x^2}\right) = \sqrt{R_1^2 - x^2} + \sqrt{R_2^2 - x^2} - A \quad (10)$$

又有微面积 dS 计算公式为

$$dS = l dx \quad (11)$$

式（11）中 l 为滚筒接触长度，单位为 mm。

将式（10）、式（11）代入式（9），设 a 为接触区宽度的一半，单位为 mm，由图形的对称性，在（0，a）范围积分可得印刷压力为

$$F = \frac{2l}{\delta} \int_0^a E(\lambda)\left(\sqrt{R_1^2 - x^2} + \sqrt{R_2^2 - x^2} - A\right) dx \quad (12)$$

式（12）中柔性版的弹性模量是压缩量 λ 的函数，可以通过实验测得。结合式（10），可以通过数值计算的方法得出印刷压力。

若印版滚筒与压印滚筒半径相同，即 $R_1=R_2=R$，则式（10）可以写为

$$\lambda = 2\sqrt{R^2 - x^2} - A \quad (13)$$

对式（13）进行微分，并简化整理得

$$dx = \frac{2(\lambda + A)d\lambda}{\sqrt{4R^2 - (\lambda + A)^2}} \quad (14)$$

将式（14）代入式（12），可得

$$F = \frac{4l}{\delta} \int_0^{\lambda_{\max}} \frac{\lambda E(\lambda)(\lambda + A)}{\sqrt{4R^2 - (\lambda + A)^2}} d\lambda \quad (15)$$

三、柔性版压缩弹性模量测试

目前，固体感光树脂柔性版在印刷企业使用最为广泛，它由聚酯支撑膜、感光树脂层、聚酯保护层构成。对于固体感光树脂柔性版，通常利用肖氏硬度计测定柔性版的硬度大小，柔性版的硬度范围一般是 34～85HS。由于固体感光树脂柔性版各层的厚度不同，目前还没有各种柔性版的弹性模量标准值，需要进行测试实验来确定某种柔性版的压缩弹性模量。

对某固体感光树脂柔性版在万能材料试验机上进行压缩试验，如图3所示。柔性版的厚度为1.7mm，压头直径为D=20mm，压缩量在0～0.2mm，选取六个不同位置分别进行压力测试实验，其测试数据平均值如表1所示，压缩量与压力关系如图4所示，压缩量与压缩弹性模量关系如图5所示。

图3 万能材料试验机结构

表1 柔性版压缩测试实验数据

压缩量/mm	0	0.02	0.04	0.06	0.08	0.1	0.12	0.14	0.16	0.18	0.2
压力均值/N	49	651	1387	2252	3304	4439	5648	6863	8015	9204	10427

由图4、图5可知，由于柔性版是多种材料组合而成，且最大压缩量超过了原始厚度的10%，因此，柔性版的压力和压缩弹性模量与压缩量呈非线性关系，其中压力与压缩量呈开口向上的抛物线，压缩弹性模量与压缩量呈开口向下的抛物线。

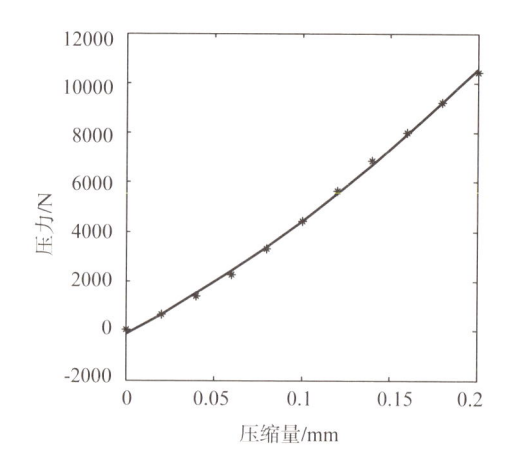

*—实验值；实线—拟合曲线

图4 柔性版压力与压缩量关系

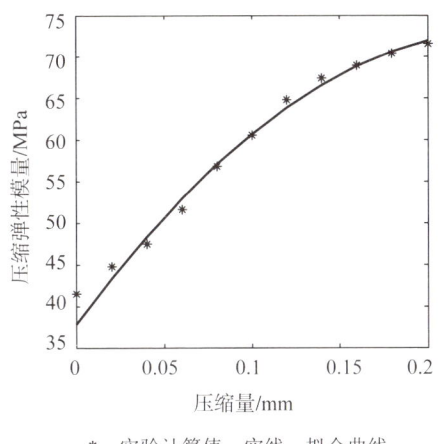

*—实验计算值；实线—拟合曲线

图 5　压缩弹性模量与压缩量关系

四、柔性版印刷机最大印刷压强测试

对上述柔性版采用富士感压纸进行最大印刷压强测试。柔性版印刷机压印滚筒的直径为 200.106mm，印版滚筒的直径为 200.637mm，压印滚筒弹性模量为 E=200GPa，滚筒间接触长度为 l=860mm。富士感压纸厚度为 0.017mm，印刷纸张厚度为 0.159mm。在 0～0.15mm 范围内调整合压量进行最大印刷压强测试，测试结果如表 2 所示，测试结果和最大印刷压强计算结果如图 6 所示。

柔性版印刷机最大印刷压强测试结果与式（8）的理论计算结果比较吻合。在合压量大于 0.1mm 以后，由于感压纸的弹性模量影响，测试结果比计算结果偏小。由图 5、图 6 可知，由于柔性版的压缩弹性模量不是常数而是随压缩量增加而增大，柔性版印刷过程的最大印刷压强也呈非线性关系。

表 2　最大印刷压强测试结果

设定合压量 /mm	0	0.03	0.06	0.09	0.12	0.15
最大印刷压强 /MPa	0.03	0.12	0.25	0.38	0.52	0.69

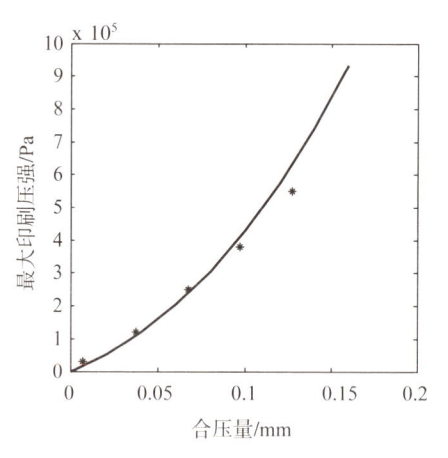

*—测试值；实线—理论计算曲线

图 6 最大印刷压强与合压量关系

五、柔性版印刷机印刷压力分析

对上述柔性版印刷机，式（15）计算结果如图 7 所示。在柔性版印刷过程中，印刷压力偏小，符合柔性版轻印刷压力的特点。由于圆压圆的印刷方式及柔性版压缩弹性模量不是常数，印刷压力随合压量增大呈明显非线性增长。合压量超过 0.1mm 以后，印刷压力迅速增大。

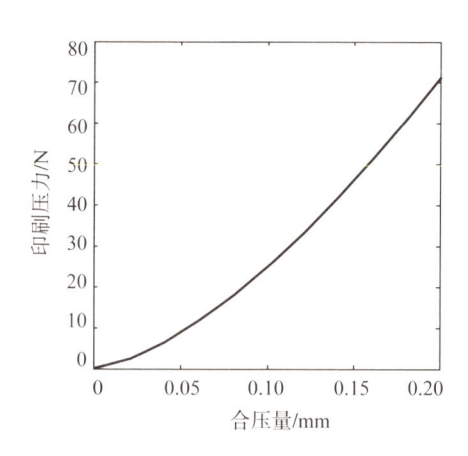

图 7 印刷压力与合压量关系

六、结论

运用接触力学方法对柔性版印刷压力和最大印刷压强进行分析,建立柔性版印刷压力和最大印刷压强与合压量关系模型。通过模型计算、柔性版压缩弹性模量和最大印刷压强测试,可以得出以下结论:

(1)由于柔性版由多种材料组成且在印刷过程中压缩比超过 10%,其压缩弹性模量不是常数,而是随压缩量增大而增加。

(2)由于柔性版压缩弹性模量不是常数,印刷压力和最大印刷压强随合压量增加而呈非线性增长。

(3)柔性版印刷压力偏小,但合压量超过 0.1mm 以后,印刷压力和最大印刷压强迅速增长,对印刷质量有较大影响,因而柔性版印刷的合压量以不超过 0.1mm 为宜。

第四部分
行业典型案例篇

近年来，随着柔性版印刷技术的不断突破和质量的持续提升，柔印的应用范围进一步扩大，综合优势愈加明显。特别是2020年初新冠肺炎疫情暴发以来，水墨柔性版印刷工艺因其绿色环保和安全可靠性，成为医用防护服和医疗器械包装的首选印刷方式；组合印刷方式将柔性版印刷的特点与其他印刷方式取长补短、优势互补，用于标签印刷等高档印刷品生产；柔性版印刷产业链条的绿色化、智能化和自动化程度进一步提高，呈现出蓬勃发展的势头。

"行业典型案例"遴选了柔性版印刷行业部分具有典型特色的企业作为案例解析。其中，既有疫情防控时期紧急转产医用防护服柔印生产的医疗器械包装印刷企业，也有专注绿色化、自动化、精益化柔印预印生产的瓦楞纸箱包装印刷企业，通过胶柔组合印刷实现工艺提升专精细分领域的标签印刷企业，技术与环保并重的高端柔性版制版企业，还有智能柔性版印刷装备制造领军企业以及软硬件同时升级提升柔印质量的美国标签印刷企业等，从中我们可以得到启迪和借鉴，有助于进一步推进企业转型升级和中国柔印产业的发展。

"行业典型案例"仅对6家柔性版印刷或制版企业，进行了总结分析。受限于编者水平等原因，选择的案例在行业内的代表性可能存在一定的局限，不妥之处敬请谅解。

柔印为医用防护服和医疗器械包装提供安全保障

一、一家"专精特新"医用防护服生产企业

美迪科（上海）包装材料有限公司（以下简称美迪科）成立于2003年7月，由上海富森集团投资设立，注册资本3000万元。美迪科公司占地6.6亩，建筑面积4400m²，是一家专业生产医疗器械灭菌包装及包装材料、消毒器械、医疗器械的国家级高新技术企业。公司是疫情期间在上海的一家医用防护服生产企业。美迪科已通过ISO13485体系认证、安全生产标准化三级企业认证和知识产权管理体系认证，消毒器械系列产品通过美国FDA510K认证。公司拥有授权发明专利5项，实用新型专利17项，软件著作权3项。

2016年，美迪科获得"奉贤区企业技术中心""奉贤区科技小巨人企业"等荣誉称号，其生产的消毒器械和干燥剂包装两项产品获得"上海市名牌产品"荣誉称号；2017年荣获上海市"专精特新"企业称号；2018年被上海市奉贤区知识产权局评为专利试点企业，申报成功"专利新产品"，研发产品"易剥离膜打孔顶头袋"荣获全国包装委员会包装科学技术奖三等奖，被上海市包装技术协会授予"上海包装创新企业"称号；2019年，组建奉贤区工程技术研究中心并申报获得认可，再次荣获上海市"专精特新"企业称号。2020年9月，美迪科总经理杨镇华被上海市人民政府授予"上海市抗击新冠肺炎疫情先进个人"荣誉称号。

二、疫情期间"为国制衣",紧急生产医用防护服

美迪科是美国杜邦公司在中国地区的医用级特卫强（Tyvek）材料唯一授权经销商和指定加工商,拥有符合 GMP 标准的 10 万级无尘净化车间,拥有四色柔印机、涂布机、光控分切机、全自动制袋机等先进设备,还拥有先进水平的质量检测设备。工艺流程从计算机设计、制版、涂布、印刷、分切到制袋等形成一条龙生产。公司建立了区级研发中心,每年投入不低于销售额 5% 的研发费用,建立了一支年轻的研发团队,通过与杜邦公司的技术合作,不断开拓新技术、新工艺、新材料、新产品。其研发投入的"气刀涂胶生产线"填补了国内空白;研发的消毒器械"医疗器械灭菌指示包装"项目荣获国家科技型中小企业技术创新基金立项支持并且已顺利通过国家验收,现已销售到国内 2000 家三甲医院,并通过美国 FDA 认证进入日本、美国等国。

2020 年初新冠肺炎疫情暴发,由于美迪科拥有 10 万级无尘净化车间等先进设施以及长期研发生产医疗器械包装的技术经验,在医用防护服全国告急时,上海市经济和信息化委员会经过考查,认为美迪科具备转产能力,对其寄予厚望。在工业和信息化部、市经济和信息化委员会等部门支持下,美迪科从车间改造、购置机器、采购原材料、招聘工人,到获得国家二类医疗器械注册证和生产许可证仅用时半个月,实现二次创业,完成向医疗器械研发生产企业的转型。从 2020 年初应国家应急征用为国制衣生产医用防护服到 2020 年底国内疫情可控阶段,美迪科累计投入近千万元,美迪科全体员工上下一心,团结一致,加班加点,积极赶制,向武汉和上海等地供应了一批又一批当时疫情防控急需的医用灭菌防护服以及非医用的防护服共计 80 多万件,是上海医用防护服生产基地和应急物资生产储备基地。2020 年 7 月底,美迪科投资新建防护服车间并顺利交付使用,现在日产量最高可达 3 万件以上,以满足市场对防护服（见图 1）的需求。

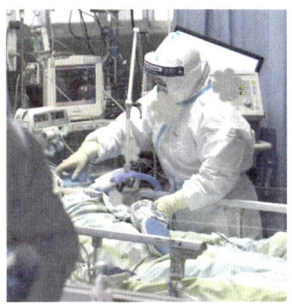

图 1　医疗防护服产品

医用防护服在无尘净化车间的生产流程包括柔印、分切、缝纫、包装等工序。美迪科采取多项措施保障医用防护服的质量。在生产环境的管理上，员工需穿上防护服、戴上口罩、洗手消毒后，才能进入净化车间工作。在原材料和辅料方面，医用防护服所使用的杜邦特卫强无纺布材料每批次都提供检测报告，拉链、松紧带、双面胶等各种辅料也均有检测报告，美迪科每年还会对供应商进行评审。在生产质量的控制上，公司优化在特卫强材料上印刷时表面张力、印刷压力等柔印工艺，并采用先进的自动检测装置监控印刷和分切质量。目前，除了供应国内市场，美迪科的产品还出口俄罗斯、孟加拉国等国，经过当地客户在本国检测机构的检测后，均拿到了显示"全部达标"的检测报告。

三、先进柔印技术提供安全保证并实现可追溯性和可识别性

（一）安全性和可追溯性保障

美迪科的品牌客户主要集中于医院及日本尼普洛、南京微创等中高端医疗器械客户中。由于主要为高要求的器械客户提供安全优质的包装（见图2），如无菌医用防护服、植入人体的心脏支架、骨钉骨板等三级医疗器械包装，美迪科首先要保证产品安全可靠、洁净无杂质，将初始微粒物、初始污染菌等易造成医疗事故的污染物控制在极低的范围。另外，目前医疗器械产品管理要求产品具有可追溯性，包装上的二维码或条形码须能够追踪所有的生产环节。此外，医疗产品

对于可识别性的要求也非常高，如要求文字清晰、二维码不能有断漏和易读取等。因为柔印水墨印刷不需要添加甲苯、乙醇等溶剂，可最大限度保证产品安全，印刷质量也能够很好地保障可追溯性和可识别度，美迪科选择柔印工艺进行医疗器械包装和防护服印刷生产，后道加工也采用环保的水性热熔胶。

图 2　医疗器械包装产品

印刷的防护服具有美感，并赋予了部分功能性。在与客户的交流沟通中，美迪科发现传统的连体式防护服有诸多缺陷。例如，衣服都是白色，在组织管理上不易区分人员，只能在衣服上用马克笔写上名字或贴上不同颜色的胶带，以区分不同区域和不同职能。美迪科由此萌发了在防护服材料上直接印刷不同的颜色或花纹来区分人员职能的想法。考虑到连体式防护服穿着不便，美迪科还研发了分体式的防护服。这些防护服不仅可用于医院，还可用作飞机空乘等长时间要在密闭空间工作人员的防护并解决生活卫生的需求方便，产品即使在日常出行时也能作为有防晒防雨功能的休闲服来穿着。

（二）在特卫强材料上实现完美柔印

美迪科生产防护服的面料是杜邦专利的高密度聚乙烯无纺布材料——特卫强，具有独特而卓越的物理性能和环保属性，如防水、耐破、环保、柔软、透气性好、色泽柔和等。由于聚乙烯材料透气且不透水，材质柔软且存在一定的厚薄差异性，吸墨性差，普通的柔印用水性油墨很难牢固印刷在材料表面，印刷图案不清晰，二维码容易漏白和断线，医疗包装用品还需对高温灭菌处理过程具有耐受性。针对这一问题，美迪科自主研发生产工艺、配套原料，对各类水性油墨进行试验，优化了在特卫强材料上印刷时表面张力、印刷压力、自动质检等工艺，采用航天华阳 6 色卫星式柔印机（见图 3）、相当于 350lpi 的柔性感光树脂版、进口双面胶、先进的后道加工（见图 4）等设备材料组合，保障医用文字信息的清晰可读、条码细而不断。

图 3　卫星式柔印机

图 4　后道加工车间

克服各种技术难题在特卫强材料上实现完美印刷后，美迪科发现这项技术不仅可以在生产防护服的面料上印刷不同颜色、不同图案，而且使用特卫强材料生产的产品外观新颖独特，加上时尚的设计，与社会精英人群的环保、审美、社会责任等理念完美契合。针对不同工艺品的使用要求和特点，美迪科对特卫强材料表面采用不同的技术手段做加工处理，如为了便于在材料表面绘画而做电晕处理，为了在工艺品上呈现金属光泽的亮丽色彩就要先做喷铝再印有色泽的光油等，目前已经成功开发了书灯、艺术灯装饰品、时尚新颖的礼品和环保文创产品。

四、未来发展规划

运用新型数字印刷技术为防护服产品赋能，美迪科"数字印刷下工业 4.0 在医疗产品上的应用"项目目前正在新厂区实施。该项目是针对特卫强材料生产新型防护服系列产品提出的产业升级改造项目，应用更环保、更清洁的数字印刷设备对材料进行印刷加工，应用工业 4.0 计算机软件管理可实现在每件防护服上在线印刷可变条码或二维码，通过云数据库可以追溯到每件防护服的生产管理，同时运用计算机网络和部分机器人组建的应用实现全自动化印刷及仓储管理。可实现特卫强材料加工 100 万平方米，年产值将达 2000 万元，预计 5 年内合计产品销售额 3 亿元，主要涵盖医疗器械和医用防护系列产品及艺术工艺品系列产品。

这一项目通过数字印刷设备配合全自动化的仓储货架管理系统和机器人、自动运送物料搬运车等部分机器人，可以实现无人化远程操控的工业 4.0 目标，以及轻松实现客户个性化私人定制生产，每一件防护服上都可以印刷上唯一的身份码，实现医疗产品的可追溯，也可以每件防护服或其他产品都是唯一的图案、颜色等要求，可以实现唯一性。数字印刷是较为环保的印刷工艺，减少了中间制版环节，可实现按需印刷，所用水性油墨对人体无伤害，能直接印刷在医疗产品上。

项目的实施，有利于美迪科培养一批技术人才，保持企业技术的领先优势；防护服产品及其他工艺品产品因其独特性、唯一性，很快进入高端定制市场，摆脱以前批量化生产的经济模式；新技术的运用推动新的质量标准的确立，能积极推进行业标准的发展演变；推动企业长久发展向产业纵深发展，让企业向医用防护领域发展。该项目将使美迪科继续走印刷包装和医疗器械生产、工艺品生产相结合的道路，有助于促进产业结构优化升级，符合国家整体产业结构向技术密集型、服务型发展的政策，经济和社会效益将非常显著。

"不畏艰险、勇攀高峰"是美迪科的精神，美迪科未来将继续综合自身优势，力争在高新技术研发、节能环保、市场竞争等各方面做得更好、更强、更专，为行业发展做出更大的贡献。

柔印在快消品瓦楞纸箱包装行业中发挥巨大优势

一、一家中国纸包装工业纸箱彩盒50强企业

瓦楞纸箱包装最早始于19世纪末,经过百余年的持续发展和进步,瓦楞纸箱凭借成本低、质量轻、加工易、强度大、印刷适应性优良、储存搬运方便等优点,被广泛应用于酒类、饮料、数字家电、水果蔬菜、快消品等各行业,成为不同领域商品的保护性包装外衣,在与多种包装材料的竞争中获得了前所未有的巨大成功。随着瓦楞纸箱在包装材料领域的飞速发展,越来越多的印刷企业加入这一市场,为行业带来了激烈竞争。但市场集中度低、劳动效率低、设备两极分化等问题一直困扰着业内企业,阻碍企业发展。面对行业的种种困境与激烈竞争,桂林市艺宇包装印刷有限公司(见图1,以下简称艺宇)凭借较早引进柔印预印代替传统胶印生产瓦楞纸箱,在质量、成本上占领先机;聚焦大型快消品企业,专注快消品瓦楞纸箱包装;秉着"品质始终如一、满足客户需求"的理念,通过20多年的迅猛发展,先后获得"国家级绿色工厂""中国纸包装工业纸箱彩盒50强企业"等荣誉,成为业内知名企业。

图1 桂林市艺宇包装印刷有限公司厂区

艺宇从 1997 年发展至今，在广东、广西和云南已拥有三个专注于瓦楞纸箱的现代化印刷生产基地，拥有进口罗兰 900 胶印机、日本进口胶印机、卫星式预印机多台、水印机多台，瓦楞线多条，裱纸、模切、糊箱机群等国内外先进生产设备。其中桂林基地还拥有瓦楞纸造纸生产线，年产量 50000 余吨，全部服务于企业内部瓦楞纸箱生产，日产瓦楞纸箱 120 万个。公司目前拥有燕京、娃哈哈、百威、华润雪花、珠江啤酒、伊利、蒙牛等一线快消品品牌客户，客户黏性强，市场认可度高。

二、柔印预印为公司在激烈竞争中取得巨大优势

艺宇主要的印刷工艺分为胶印、柔印预印和水印三种，其中又以胶印和预印为主要印刷工艺。在传统瓦楞印刷的观念中，胶印相较于柔印在产品精细度、色彩饱和度、相关配套工艺上有着更好的体验；反之，柔印预印在稳定性、生产速度、生产成本、产品物理指标（如纸箱的抗压、防潮、耐破、防滑等）上较胶印又有着很大优势，两种工艺如何平衡运用成了业内企业的重要问题。在艺宇起步发展的早期，根据对产品的定位分类，合理安排，把精美度高、印刷工艺效果复杂的产品使用胶印印刷；把时间紧、物理质量要求高的产品使用柔印预印印刷，两种工艺在当时艺宇的产品比例中约各占 50%。如今，柔印预印产品占比已高达 65%，预计未来艺宇柔印预印将占据公司产品订单的 80%，这组数据的背后并不是艺宇产品构成需求有太大的改变，而是艺宇柔印技术飞速发展的体现。

（一）高网线印刷助力柔印预印冲击高端产品

长期以来，柔印产品由于图文不精细、网点感明显、网点增大严重导致图文效果糟糕、高光网点易丢失等问题一直被业内所诟病。艺宇通过率先引进工艺设备、企业内部技术突破，始终如一地对快消品瓦楞纸箱包装进行钻研，秉承客户至上的精神，使其柔印预印产品的加网标准从几年前的 100lpi，发展至今已逐步实行 130lpi 的加网标准，部分高端产品已采用 150lpi 加网印刷，与业内普遍认可采用 175lpi 胶印印刷的高端产品的距离正逐步缩小。

在高网线柔印预印技术突破期间，艺宇还大胆采用实地加网技术，1%～5%的高光不修饰，使图文的网点过渡更顺畅更自然，已成功应用在娃哈哈"八宝粥"、华润"雪花冰山勇闯"等产品上，并达到良好的效果，产品图文层次分明，过渡清晰，为艺宇未来更多产品实现"胶转柔"打下了基础。得益于高网线柔印预印技术上的不断突破与进步，艺宇的柔印预印产品不仅有着业内胶印相近的图文质量，还保留了柔印预印本身在稳定性、生产速度、生产成本、产品物理指标上的巨大优势，这极大地增强了艺宇的竞争力，在同行里脱颖而出，获得了客户与市场的共同认可。

（二）加装工艺机组，提升柔印预印产品工艺效果

在产品印刷工艺的选择上，胶印也比柔印可选工艺种类更多、可选工艺材料更广。比如业内柔印预印普遍采用水性油墨、水性光油，在产品亮度、光泽度、抗磨性、抗水性等指标上不如 UV 光油，这就导致部分高端产品仍然需要胶印 UV 上光，但胶印的供货率和成本控制方面又不如柔印预印。

为更好地适应高端市场的需求，降低企业成本，提升市场竞争力，艺宇经过长时间的探索，攻克了多项技术难题，成功在印刷生产车间的柔印预印设备上组装了 UV 上光系统（见图 2），并采用宽幅 1.7 米，适用机速不低于 160 米 / 分钟的定制干燥设备，进一步提高了柔印预印产品的品质，满足客户高端产品需求的同时，又保证了企业自身的利润空间。

图 2　UV 上光系统

（三）在线质量监控，为柔印预印生产效率锦上添花

以艺宇在桂林的生产基地为例，其柔印预印设备宽幅为 1.7 米，大型幅面的印刷方式可以使后道纸板线和模切生产更加高效、低耗，将纸板线、模切机的效率发挥到极致，也为艺宇桂林生产基地带来了日产 120 万只瓦楞纸箱的高效出货率。在高速生产效率的背后，如何保证产品质量，降低产品不良率则尤为关键。不同于胶印单张印刷可随时抽样张进行质检查看的便捷，柔印预印都采用大幅面卷筒纸的高速印刷，整个印刷过程质检相当困难，等发现产品问题时，生产线上大批量的产品已经印刷完成，极易造成时间和成本的双重浪费。

2019 年，艺宇引进国内先进的卷筒纸自动化印刷在线监控设备（见图 3），对预印高速印刷实行在线实时质量监管。在此之前，艺宇只能通过人工检测的方式对产品进行监管，一方面受控于肉眼检测精度的局限性，部分问题无法及时发现；另一方面为了人工检测，不得不降低印刷速度，企业生产效率低下。

如今，自动化在线监控设备根据企业制定的相关标准，发现缺陷自动报警，自动记录缺陷位置，工作人员可根据问题大小判断是否需停机处理，并可根据记录的缺陷位置，对废品进行自动离线剔除，大大提升了企业产品质量监控的精度与效率，如有批次产品由于柔印压力设置略低，导致产品配方表中 4.5 公斤印制成了 45 公斤，自动监控设备在第一时间发现并报告了问题，这种效率在以往人工检测中是无法想象的，也为企业成功避免了一次数量庞大的产品报废。

图 3 自动化在线监控设备

自动化在线监控设备除了精度高、效率高的优势外还可对缺陷问题种类、报警时间等相关数据进行分析，帮助企业发现问题、解决问题。艺宇也通过自动化在线监控设备的缺陷数据分析功能，在几个月的数据追踪后，发现了困扰已久的由网纹辊跳动所导致的油墨漏出问题，之后通过对封闭式墨腔组的改进升级，问题迎刃而解。这种更加科学和高效的质量管控模式，使柔印预印设备高速运转更为可靠，使企业实现"张张精彩"，生产效率更上一层楼。

三、精益化管理使企业更具竞争力

快消食品包装行业的市场虽然大，但竞争十分激烈，要想在市场立足，除了不断提升工艺技术，靠产品质量说话，还需练好内功，对企业精益化管理，提质增效降成本，才能扎根市场迎来长远发展。艺宇从建厂之初，就精确定位，聚焦于一线大型快消品企业的纸箱包装这一细分领域上，一心修炼内功，磨炼技艺，稳步不断地提升产品质量与市场竞争力。艺宇通过精益生产、精益布局，对生产基地内每一台设备，每一条物流线，每一条动力管道，水、电、气都进行反复推敲，只为寻求最佳安装路线，最好的物流方式。

通过 20 多年的发展，艺宇已经形成了一套以"绩效飞轮"带动"PDCA 循环"的管理模式（见图 4），以绩效管理、标准化管理和成本领先战略三部分为重要抓手，把生产管理活动中的各项工作通过 PDCA 循环中 Plan（计划）、Do（执行）、Check（检查）和 Act（处理）四个阶段进行落实，反复改善循环，从内部挖掘潜力，不断地降低成本以适应日渐突出的微利纸包装行业特点，坚持"以诚信为本"，用心做好每一只纸箱。

长久以来艺宇一直秉持客户至上的理念，在提供"当天下单，隔天出货"的高效生产同时，还专门成立了物流运输车队，对 400 公里以内地区都送货上门，只为减轻客户的库存压力，帮助客户实现零库存的目标，正是这种为客户所需、为客户所想的服务理念，艺宇也成功获得了 2020 年百威集团亚太地区纸箱最佳质量奖的荣誉。

图 4　艺宇企业理念

四、未来展望

艺宇将进一步扩大市场和产能，着眼全国，布局未来。引进专业的咨询公司对企业内部进行诊断、培训、提高，运用好引进的 PTM 精益生产咨询、设备管理标准化 PMS 咨询、VPO 百威全球最佳工厂管理方式等，充分吸收行业内的各种精华，不断提高技术、质量、管理水平，提升自身竞争力，为未来的持续发展夯实基础。

胶柔组合印刷，助力标签企业做大做强

一、一家专注于工艺技术的特色标签企业

东莞市天驰印刷有限公司（见图1，以下简称天驰印刷）成立于2016年，是一家专业的不干胶标签印刷企业，成立后陆续引进中天6色间歇式PS版轮转印刷机、炜冈6色间歇式450型PS版轮转印刷机、中景10色连续式组合印刷机（胶印+柔印+凹印组合+冷烫的组合）和全自动丝网印刷机、高速模切机等先进设备，现已成为设备全、技术实力雄厚、极具活力的印刷企业，在食品、饮料、日化、化工、建材、医药和礼品包装等领域取得了不俗的成绩。

成立初期，天驰印刷既没有足够的资金和成熟的技术，也没有稳定的客户和订单，以给同行代工为主。在逐渐打开市场后，开始生产礼品、玩具行业的出口类标签，并按照国外客户的严格要求，做相应的配套服务。由于前期的不足，天驰印刷走了很多弯路，也遇到过很多的挑战。黄力方总经理非常注重员工的学习培训，进行杜绝安全隐患、高度重视安全等培训，不定期请行业专家讲解理论知识，让员工围绕印前、设备运作和产品品质等方面进行交流。同时，天驰印刷非常注重技术研发，安排技术团队投入更多的时间与精力进行开发创新，如几年前，天驰印刷曾通过半年的潜心研究，成为当时除某日本印刷企业外，唯一一家掌握纸胶带中镂空胶带生产技术的企业，享受了创新技术带来的行业红利。伴随着不断的学习培训和研发热情，天驰印刷随之也取得了一定的进步，并通过ISO9001质量管理体系认证，目前年营业额提升至2000万元左右。

作为一家随着标签印刷行业高速发展而成长起来的企业，天驰印刷可以说是新兴组合印刷浪潮中的典型代表。天驰印刷从胶印转向了胶柔组合印刷，希望在

这一过渡期内积累经验，做好技术储备，进而顺利成为专注于工艺技术的特色标签企业。

图 1 东莞市天驰印刷有限公司

二、面对新局势，提前规划，注重差异化竞争

在增量时代，产品单价高、订单多，竞争激烈程度相对较小，印刷企业的迅速发展是正常的。但在存量时代，竞争对手增多，企业产能成倍增长，利润却迅速下滑，国内头部印刷企业和外资公司业务下探，加之疫情的影响，中小型印刷企业的市场份额受到挤压，面临一系列发展难题。例如，如何保持市场竞争力，如何解决产能过剩，如何满足市场高质量、低单价的需求等。

天驰印刷总经理黄力方认为，行业在这个阶段已经进入转折点，应果断放弃一些传统的利润大幅下滑的订单，把精力放在新领域和新技术上，因为小型印刷企业的竞争在于信息差异化和业务差异化。例如，在广告行业标签订单最为火爆时，撤出一部分精力来研究建筑领域的建材标签，当广告行业的潮水退去时，企业可以转向生产建材标签，迅速填补其间短暂的低谷期。天驰印刷的理念，即是在某一行业做到最高峰时，要提前进行市场规划，时刻准备投入下一个新领域。

三、以胶柔组合印刷实现工艺提升，实现更高更好的效益价值

2019 年，购买中景胶柔组合印刷机也是天驰印刷进行技术储备和市场规划的一部分。2018 年，天驰印刷的 2 台 PS 版印刷机已经满负荷运行，2019 年市场竞争更为激烈，利润下滑，企业想要进一步发展，必然需要设备更新换代，提升生产效率，满足新的工艺需求。经过多方考察，天驰印刷最终选择了中景组合机，看中的正是胶柔组合这一优势。组合印刷集合各种印刷方式的优点，相互渗透，使得印刷图文千变万化，丰富多彩，实现胶印（色彩层次细腻）、柔印（色彩饱满艳丽）、凹印（色彩层次厚实丰富）、网印（色彩堆积厚实）、数字（可变数据）等各种印刷方式在品质和成本等方面的扬长避短，做到以更低的成本、更环保的方式印制出更精美的标签（见图 2）。因为之前从未涉及柔印工艺，且没有柔印技术人才，所以柔印印前的文件处理、系统化管理和制版流程等，对于天驰印刷来说，难度较大，还需要很长一段时间的技术积累才能应对。而选择组合印刷后，天驰印刷则可以充分利用多年的胶印业务经验，如果图文部分采用胶印，大色块和某些工艺部分采用柔印，对其来说就相对简单了。

图 2　天驰印刷产品系列

中景组合印刷机的胶印组与柔印组可按需定制、个性化印刷，设备印刷面积大、承印介质广（各类纸张、薄膜均能完美印刷）、自动化程度高，投入生产后，天驰印刷基本上能够应对市场上90%以上的标签，可实现胶印、柔印、胶面、冷烫、上光、覆膜等印刷工艺。在此之前，天驰印刷只采用胶印机生产简单标签，新设备使其实现了明显的工艺提升。可以说，组合印刷机非常适合要求进步、希望发展却没有柔印经验积累和技术储备的企业入手。曾有标签企业从胶印直接转向柔印，但结果不太理想。因为中小企业容错率比较低，所以天驰印刷的每一步都必须很谨慎，但又要有一定程度的发展。

四、未来继续瞄准细分领域，做专做精做强

目前国内柔印市场发展较快，天驰印刷代表着国内数量最多的中小型印刷企业群体，这一群体也是拉动行业发展和购买国产柔印机的主力。巨头企业想要打开市场，或建立相应的客户群体，相对简单，但中小型印刷企业并没有大型企业那么强大的议价权，也没有足够的资金在日化、食品、饮料、电子等多个领域投入技术研发和人才培养，也无法通过上市来撬动资本市场，或是与知名品牌合作，因此其竞争出路在于深耕细作，结合自己的工艺经验和信息的差异化，做专做精某一些行业，而不是做大流行订单。

未来的印刷市场会越来越细分，天驰印刷希望以中小企业的方式，基于之前的成功经验，依靠先进的管理流程和技术实力，在食品或建材等行业的某些细分领域做到行业比较靠前的位置，为客户提供优质的标签产品和全面专业的服务。

技术与环保并重，助力柔性版印刷高质量发展

一、一家投身行业 20 余年的专业柔印制版企业

20世纪90年代初，广东印刷业的发展在全国处于领先水平，各种新设备和新技术的应用也处于领先。然而，当时的柔性版印刷在国内才刚刚兴起，行业人士还将其视为一种新事物，了解的人并不多，特别是柔性版制版技术当时被外资公司所掌握。广东正艺柔版科技有限公司（见图1，以下简称正艺柔版）正是在柔性版印刷在国内起步之初，就瞄准柔印制版的潜力，毅然决定投入其中。通过二十多年的打拼，其间伴随着柔印制版技术的不断革新进步，如今，正艺柔版已成为国内知名柔印制版公司之一。

正艺柔版是一家加工柔性版的专业制版企业，公司引进了一流的各类大型先进制版设备，员工队伍由具备20多年印刷、制版经验的技术人员及服务人员组成。正艺柔版自1994年成立至今（前身叫艺华电脑制版），已经从一家业务单一的制版企业发展成如今集设计、印刷管理及印刷技术培训、顾问服务于一身的科技型服务企业。正艺柔版是国内首批成功引进平顶网点制版技术、EVO全自动制版设备的制版企业之一，在胶转柔、凹转柔等原来由其他印刷方式印刷的产品转化成了柔性版印刷产品，助力柔印工艺的市场范围拓展。公司除了具备成熟的色彩管理与质量认证体系，同时还聘请业内精英作为企业顾问，有着印前、印中、印后的强大服务团队，"做一流的品质、一流的服务、一流的企业"是公司坚持不懈的奋斗目标。

图1　广东正艺柔版科技有限公司

二、技术领先，铸就高品质制版产品

传统柔性版印刷常常由于其印刷线数的不足，使高光部分网点易丢失、暗调部分网点易并级，为了再现原稿的阶调，往往采用较粗的网线数来进行制版和印刷，直接导致了柔印产品图文质量无法媲美胶印和凹印印刷方式。不过，随着平顶网点技术的兴起，这一现象得以改善。平顶网点技术由激光雕刻成像，在主曝光过程中对氧气的参与进行控制，从而形成平顶网点，这种网点能在很大程度上提高油墨密度，其干净锐利的边缘，能减少印刷生产过程中的停机擦版，还能够在全色调范围使柔印图文的高光部位与平滑过渡更好，此外还扩大了色彩对比度范围，使柔印图文具有更好的表现力。

近些年，平顶网点的技术优点得到业内的广泛认可，在行业中的应用日益广泛。早在2012年时，正艺柔版就已引进此技术设备，成为行业中第一批"吃螃蟹"的企业。那时，正艺柔印还是一家规模较小的柔印制版企业，在思考企业将来如何规划发展时，确定了在柔印制版的新技术、新设备、新材料上进行持续投入，保持企业能够走在行业前沿，保持市场竞争力。

正艺柔版对行业进行了全面的调研，发现当时的同质化竞争现象明显。大部分制版厂家都在用同种制版设备，竞争激烈。正艺柔版并不希望在柔印制版同行原有的"蛋糕"中分切走一块，而是希望通过柔印制版技术的整体提高，让更多的胶印和凹印生产企业能够转向柔性版印刷方式，使柔印领域的"蛋糕"变得更大，大家都能分切到更多的"蛋糕"。最终正艺柔版经过多方考量，投入巨资引进了当时国内第一台超大幅面柯达 Flexcel NX 柔印制版机。设备幅面达 1270mm×2030mm，可生产先进的平顶网点版材，使柔印图文的精细度、对比度、色彩还原性得到了质的飞跃，提升了多家柔印生产企业的产品质量。当时，雪花啤酒优质供应商桂林市艺宇包装印刷有限公司在使用正艺柔版制作的印版后，认为版材具备高油墨传输能力和高分辨率平顶网点结构，作业准备快、停机擦版少、耐印力提高，在提高生产效率、节省印刷材料和降低生产成本上非常具有竞争力。正艺柔版与其客户共同实现了双赢，也在业内树立了良好的口碑。

正艺柔版凭借强大的制版技术实力多次获奖。特别是在中国印刷技术协会柔性版印刷分会举办的 2016 年"华光杯"全国柔印产品质量评比活动中，正艺柔版制版的产品分别获得瓦楞纸箱预印和后印类别的两个精品奖，其中使用预印的"香飘飘经典组合装"包装外箱（见图2）采用激光柔印制版，印版线数 145lpi，采用机组式柔印和 800lpi 网纹辊。整个图面以红色为主体，利用网纹辊传递墨量的准确性，避免胶印工艺在大墨量条件下必然出现的色差。底色厚重，渐变网侧重中间调，层次均匀拉开，颜色柔和，在实地背景下的翻白字细小而清晰。正艺柔版在印前处理中，对该作品的反白字处理很有技巧，在细小文字的反白处，印前处理是红色反白，但底下的黄色不反白。即使有套准误差，只要反白处不相叠即看不出瑕疵。但是在比较大的文字处，红色黄色相叠而反白，只要很好地利用扣套技术的特点，即使因套印不准而造成的反白文字不清晰也可以有效掩盖。这种技术处理成功避免了机组式柔印机在套印方面的缺陷，体现出正艺柔印对柔印制版和印刷工艺的精准掌控。

图 2 "香飘飘经典组合装"包装

正艺柔版一直密切关注柔印技术的发展并不断提升自身技术水平。为了更好地发挥柔版平顶点技术和胶转柔及凹转柔更高精度产品要求的优势，公司于 2021 年 3 月引进集创新性与灵活性于一体的 LED 平顶点曝光机富林特 Catena E 设备（见图 3），继续保持并升级在业内的柔性版技术应用优势。

图 3 主要制版设备

三、"环保情缘"伴随企业成长

正艺柔版在成立之际，就缘于其深厚的环保意识决定深耕柔版行业。柔性版印刷常常采用无毒无害、绿色环保（低或无 VOCs 排放）的水性油墨和 UV 油墨，其环保特性已深入人心；柔性版印刷使用的溶剂油墨毒害性、对人体健康的影响和溶剂含量也较低。20 多年来，正艺柔版始终支持国家环保政策，把绿色制版放在企业发展的重要位置。

虽然柔性版印刷是一种绿色环保的印刷方式，但是其版材制版过程中如使用挥发性溶剂就会产生一定程度的 VOCs 排放，对环境和工作人员的身体健康也会产生一定的不良影响。正艺柔版一直以助力柔印绿色环保并提升工作环境安全为己任，希望将制版流程对环境的不良影响降至最低。正值高速发展时期的正艺柔版，经过对制版环保溶剂的认真评估后，在快速交货和更绿色环保的两难中，毅然选择了后者。自 2019 年底开始，正艺对国内外多个供应商进行考察，对柔版制版溶剂的毒害性、重金属含量和 VOCs 等指标进行了细致评估，最终选择了富林特丽龙系列（Nylosolv®）环保溶剂，开始逐步转换为环保溶剂制版。

环保溶剂在生产效率、低毒性、VOCs 排放量上有着传统溶剂不可比拟的巨大优势。为了全生产线都采用环保溶剂制版，正艺柔版采购了富林特最新推出的创新型烘干后处理设备（Catena DL）。公司成功说服大量客户为获得绿色环保的柔版而在交货周期上做出少许让步。虽然环保溶剂的单价较传统溶剂高出不少，但制作相同面积的柔性版，环保溶剂的消耗（挥发）量只有四氯乙烯和正丁醇等传统溶剂的三分之一，对环保（气候环境）来讲同样制版量少了 70% 污染，综合成本还是具有优势的。

四、未来展望

"三分印刷，七分制版。"这句行话很好地诠释了制版环节在整个印刷生产链条中的重要性。未来，正艺柔版将以引进先进制版技术和设备，配备专业设计、技术和服务人员，更好地为行业提供一体化制版服务，在企业发展壮大的过程中，始终把绿色环保放在首位，支持国家绿色化发展的倡议，为社会尽责，致力于维护柔印产业链绿色形象。

智能柔印　助力行业转型升级

一、智能印刷机电装备制造的领军企业

西安航天华阳机电装备有限公司（以下简称航天华阳）是中国航天科技集团公司西安航天发动机有限公司的子公司，是陕西省军民融合重点企业、陕西省企业技术中心，获得多项荣誉（见图1）。

航天华阳位于古城西安，是国内柔印设备制造领域的领军者之一。公司现有员工860余人，拥有高端机电装备研发中心、柔版印刷装备事业部、精密涂布装备事业部、新能源新材料装备事业部、装饰材料装备事业部、精密制造事业部、机加工事业部、辊轴制造事业部、钣焊事业部和涂装喷漆事业部十个独立核算的事业部。位于华阳新区的公司本部厂房面积为41000m²，已经投入使用，配备各类加工和检测设备390余台（套）。

图1　荣誉证书

航天华阳秉承"科学求实，严肃认真，勇于攀登，敢于超越"的企业精神，经过二十多年的发展和技术创新，研究出矢量变频张力控制技术、伺服驱动张力

控制技术、无轴传动控制技术、溶剂残留控制技术、高效干燥烘干技术、悬浮烘箱干燥技术，精密涂布复合技术、计算机集成控制技术、精密机械制造技术以及逗号、微凹、狭缝、间隙等精密涂布技术等核心技术群。航天华阳拥有国家专利共计 189 项，登记计算机软件著作权 32 项，并全面通过 ISO9001 国际质量体系认证、GJB9001B 国军标质量体系认证以及欧盟 CE 安全认证等多项认证，建立了完善的售后服务体系。目前，航天华阳已发展成为柔版印刷装备（见图 2）、精密涂布装备、凹版印刷装备、新材料新能源装备、智能化装备制造五大系列高端装备的制造商和技术服务商。

图 2　航天华阳智能柔印机

二、融合自动化与信息化，迈入智能化

在竞争日益激烈的当下，越来越多的印刷企业将目光转向了智能化发展的道路。虽然业内有许多迫切的智能化需求，但真正推广和应用比较好的企业却屈指可数，很多企业还只停留在概念上，并未真正落实。造成这种局面的原因，一方面是印刷业属于传统制造业，比起电子商务、移动通信等行业，智能化发展起步较晚；另一方面许多印刷厂把智能化发展的重心瞄准了智能工厂，实现了设备的数据采集，打通了 MES 和 ERP 等系统的数据关联，建立了智能工厂的雏形，但在设备上并没有真正实现智能化，而设备制造商也更多地提出了智能工厂的概念，并没有把智能化落实到设备本身，设备本身并不具备帮助客户分析产品在生产过

程中遇到的各种问题的能力，很多生产问题还是需要人去判断和解决。航天华阳认为，在智能化概念人云亦云的当下，首先要把智能化设备和智能工厂混淆的概念进行纠正，让业内认清智能化设备是智能工厂发展密不可分的重要部分，而且作为设备制造商应该更多地关注和发展智能化设备。

自动化、信息化、智能化，这三个阶段是制造业发展的基本规律。航天华阳经过多年发展，其柔印设备如今已向智能化迈进，而要想实现柔印设备智能化的阶段性目标，自动化与信息化的建设必不可少，智能化流程示意见图3。

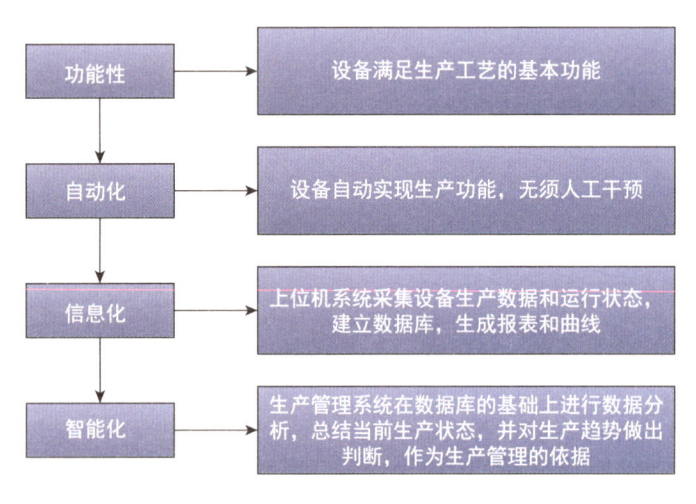

图 3　智能化流程

（一）柔性版印刷设备自动化

设备自动化就是要具备更多的自动功能，减少人工干预，使许多传统印刷准备工作都由设备自动完成。航天华阳通过设备一键启动、电机扭矩自适应、印刷图案测长、压力电机扭矩保护及偏差保护、印刷压力自动补偿和全自动接料六个方面来实现柔印设备的高度自动化，最大限度地减少人为因素对柔印生产的干预。

1. 设备一键启动

设备一键启动是指在印刷时只需一个按键，设备即可将压力、套印、风机和牵引压辊这些以往需要人工手动调节的印刷准备工作自动完成，直接开始印刷工作，大幅缩短了印刷准备时间，降低了印刷技术门槛，流程对比见图4。

图4 传统开机与一键启动流程对比

2. 电机扭矩自适应

在整个柔印过程中，版辊电机的稳定运行与产品的套印精度息息相关。通常在印刷某些凹凸不平的特殊印刷版时，版辊电机的扭矩会出现突变，影响电机转速，从而导致套印精度下降。为了解决这一问题，航天华阳开发了电机扭矩自适应系统，该系统会在版辊转动时，自动记录版辊表面引起电机扭矩突变的位置，并在下次转到同一位置时，提前改变电机扭矩，使电机扭矩变化平缓，不会产生扭矩突变，从而解决对电机转速和印刷效果的影响。

3. 印刷图案测长

通常在柔印过程中，由于承印材料会受设备张力等因素产生形变，影响产品质量。航天华阳的印刷图案测长功能会通过安装在柔印设备末端的测长传感器，实时检测两个色组之间的印刷图案长度的变化情况，并及时反馈到系统内，系统则会根据图案长度的变化调整印刷前端的张力，保证印刷材料不会因受到张力变化而发生变形。

4. 压力电机扭矩保护及偏差保护

这个功能是为了防止人为失误对机器造成的损坏。根据相关统计，在柔印印刷过程中，版辊相关数据设置错误、压力调整时压力电机无法同步是操作人员经常产生的操作失误。这两种误操作都会挤坏印版，甚至损坏套筒等零件。为了避免此类误操作带来的问题，航天华阳对相关设备增加了扭矩保护和偏差保护功能。其中，扭矩保护功能在系统检测到电机扭矩异常增大时将停止电机运动，避免印版遭到损坏;偏差保护功能则可以在操作侧和传动侧两端调压距离相差 3mm 时,停止调压电机运动,避免套筒和芯轴遭到损坏。

5. 印刷压力自动补偿

柔印设备在低速和高速印刷下的印刷压力会有所不同,当印刷速度发生变化时,相同的印刷压力无法与变化的印刷速度相匹配,从而会对印刷效果产生不良影响。印刷压力自动补偿功能则会通过系统数据库中所设定不同印刷速度下的最佳印刷压力,随时匹配当前印刷速度的最佳印刷压力值,保证设备印刷压力始终处于最佳状态。

6. 全自动接料

在柔印印刷过程中,全自动接料功能会根据人工设定的接料直径,判断放卷所需接换卷的时机,并且自动完成接换卷过程。在放卷换完卷后,系统还会根据收卷料长度,判断放料接头到收卷的时机,根据接头到达收卷的时机和收卷设定的接料直径,判断收卷接换卷的时机,并自动完成收卷的接换卷过程。收放料的接换料过程都由系统自动完成,全程无须人工干预。其中放料接料的料头长度可以控制在 0.5～0.8m,放料剩余料头长度可以控制在 30m 以内。

航天华阳通过以上六种柔印设备的自动化功能,成功实现了柔印设备"傻瓜式"的开机操作,使设备从开机到印刷结束的整个过程中,无须人工干预便可输出合格成品,在提高设备运行效率和成品率的同时,还节省了人力成本,成功为企业减负增效。

(二)柔性版印刷设备信息化

目前,航天华阳在柔性版印刷设备自动化的基础上增加了设备信息采集系统。通过安装在设备上的多个传感器,实时反馈设备和工艺信息,其中包括产量、班组、设备运行效率、能源消耗、工艺参数(张力、套印精度、车速、温度、风速等)、设备电机的状态(扭矩、电流、转速)、设备故障报警信息、设备维护提醒等多种信息,全部实时反馈到信息采集系统内,以数据库的形式保存。

除了相关信息的采集,航天华阳柔性版印刷设备的信息化系统会将所采集的大量数据进行整理归类，分为生产监控、生产管理、班组管理、设备维护、报警管理、趋势监控和能源管理等多个模块（见图5），并为客户提供详细的事实报表和历史报表数据，为客户掌握生产动态，发现生产问题，改善生产环境提供了数据依据，为企业迈向智能化奠定基础。

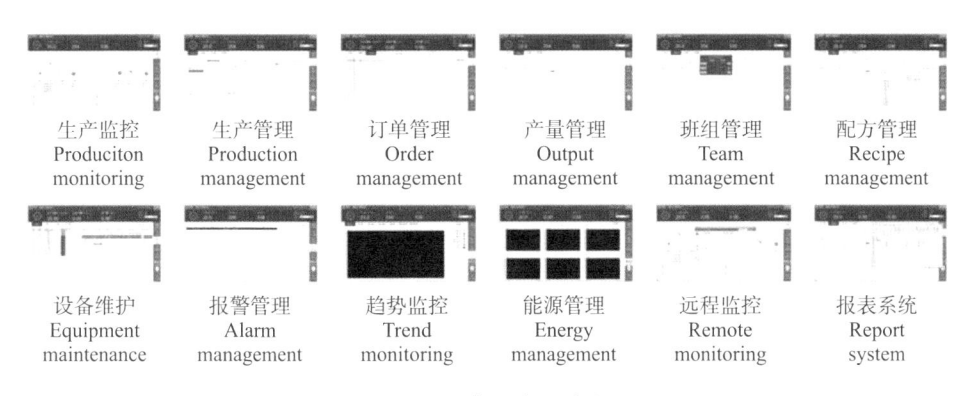

图 5　设备信息化模块

（三）印刷设备的智能化

智能化的概念已经在制造业内提出了多年，但有的企业把信息化和智能化混为一谈，认为有上位机数据采集，能生成数据库和报表，对接工厂MES和ERP就是设备的智能化。航天华阳规划中的智能化设备，要求设备应像人脑一样，对生产现场的信息具有自我思考分析、判断并解决的能力。在实际印刷生产中，智能化设备需要对生产过程中的参数进行分类，然后再和产品的工艺要求进行对比，判断各参数对产品的影响，如果各参数和产品质量正常，设备将继续按照当前状态运行；如果出现异常，智能化设备就应该自行判断，哪个参数影响了产品的某一质量要求（如套印、烘干、图像变形等），针对不同的判断结果，设备应该执行不同的解决方案。例如，在生产过程中，智能化设备发现产品的套印精度下降，那么智能化设备系统会根据运行数据判断是否是版辊问题影响了套印精度，如果是，智能化设备将自行调整版辊。只有这样的设备才具备了思考、分析、判断和解决问题的能力，才能称得上是智能化设备。

设备智能化的先决条件是设备信息化，只有事先采集到各种设备信息，拥有庞大的数据库，智能化系统才能根据数据库，以产品质量为标准，依次对数据进行分类，将影响产品质量因素的归为一类、影响生产效率因素的归为一类等。例如，在实际建设中，可以将设备的张力、车速，版辊套印位置，中心滚筒转速等数据归类为影响套印精度参数，当设备套印精度出现问题时，智能化系统会用这些参数与合格产品的工艺进行对比，找出是哪些参数和工艺要求不匹配，然后再指导设备系统做出正确操作，达到修正产品质量的目的。整个流程下来，智能化设备便能真正对产品质量进行全方位把控，在整个生产过程中无须人为干涉也能保证生产质量。

智能化设备还要求能够"听"懂人的语言，理解人的想法，只有这样才能真正替代人脑的一部分工作。智能化系统必须具备和产品订单相匹配的工艺参数配合功能。也就是说，设备生产什么产品需要由"人"来确定，做这个产品需要的参数（张力、车速、温度等）由智能化系统决定。因此智能化设备的建设单靠设备厂商还是难以实现的，还必须由设备厂商和终端用户合作完成。其中设备厂商负责建立强大的数据库，作为智能化系统运行的支撑，还要实现智能化系统和信息化系统以及设备系统之间的数据交换，而客户负责提供产品工艺参数，以及工艺参数对产品质量的影响，作为数据分类的原则。等两者相结合后，智能化设备便可完成，客户只需要告诉智能化系统要做什么产品，剩余工作则都可以让智能化设备独立完成。

目前，航天华阳已在积极推进设备智能化进程，信息化数据库、数据分类、产品订单派发等功能已经实现，正逐步完善设备现场问题和工艺参数之间的关系，建立智能化设备的相关数据库。由于印刷现场问题具有多样性、复杂性，这项工作预计还需长时间的现场经验积累来丰富相关数据。

三、未来发展方向

目前更多的企业客户和供应商把目光投向了智能工厂，并有了丰富的经验，具备了智能仓储、智能化企业管理、产品订单智能化执行等多种功能。但也存在着不少智能工厂只停留在企业和车间管理上，并没有为设备提供智能化功能，设备还不具备帮助客户分析、解决生产过程中的各种问题的能力，许多时候还是要依靠人力解决。这为航天华阳未来发展提供了方向和动力，航天华阳已经在布局发展着力攻关研发，高标准建设新厂区（见图6），并将牵头和业界同行一起探索印刷设备智能化的发展方向，引领制造业发展的新趋势。

图6　航天华阳新厂区

美国 Hub 标签公司：敢为天下先

赵嵩*

一、一家美国知名标签印刷企业

Hub 是美国著名的标签印刷企业（见图 1），于 1978 年在美国的马里兰州黑格斯敦市成立，是由目前的公司总裁托马斯·达赫布拉的父亲巴德·达赫布拉和母亲玛丽创办的家族企业，他们第一家公司开设于萨尔瓦多，第二家公司设立于美国，也曾经把美国的公司从马里兰州搬到萨尔瓦多，为 20 世纪 70 年代初期新兴的标签市场服务。在萨尔瓦多取得成功之后，这对夫妻意识到该国局势不稳定，于是决定将公司搬回美国。最初他们创立公司的时候，只有一台印刷机，不久便变成了两台，然后增加到四台，员工人数也不断增加。

图 1　Hub 标签公司在马里兰州的工厂

---

* 赵嵩为《2020 中国柔性版印刷发展报告》一书中文章《波兰企业的柔性版印刷成功之路》的作者。

在两地发展壮大后，Hub 标签公司在 20 世纪 80 年代中期建造了第一间属于自己的厂房，厂房面积比最初的工厂扩大了四倍，达到 1 万平方米，印刷机的数量现已突破 20 台。随着公司业务的发展，Hub 标签公司也建立了自己的核心文化，围绕安全、可持续发展、创新、服务和社群交流，核心文化为 Hub 标签公司提供了源源不断的发展动力。

值得注意的是，在发达的欧美国家，这样的家族企业并不罕见，他们不急于上市募资，而是稳扎稳打，往往能成为各自领域的翘楚，由于是家族经营，不受外来投资者的影响，经营理念可以长期坚持，公司的决策有相当长的连续性，公司员工也可以和管理层建立长期互信的关系，非常有利于公司的长远发展，Hub 标签公司就是这样的一家公司。

二、采用新技术提高柔印质量，荣获 FTA 可持续发展卓越奖

2020 年，美国 Hub 标签公司获得了 FTA 可持续发展卓越奖，接受采访时，公司总裁托马斯·达赫布拉说："采用新技术并不是因为该项技术获奖，而是希望通过尝试新技术，获得质量和效益上的提升，持续投资才能在竞争中立于不败之地。"在他的印象中，公司一直就是美国柔印技术协会中比较活跃的成员。"我们受到过 FTA 卓越奖获奖者的启发，也接受过 FTA 技术创新奖获奖者的指导。因此，当需要把柔印产品质量提高到和胶印、数字印刷质量一样时，我们自然考虑到广受关注的各类新技术。"

Hub 标签公司关注生产中的每个细节，希望尽量减少生产中的变量，从而能够保证生产的稳定并且提高品质，公司很早就意识到，传统的溶剂制版过程中有太多需要控制的因素，柔版制作过程中的洗版、烘干不但时间长，还会带来制版质量上的波动，更会面临各种环保问题。因此，在 2020 年 7 月，Hub 标签公司一次性购入 Esko 的 Crystal XPS 和杜邦的无溶剂制版机（注：Esko 的 Crystal XPS 在 2017 年获得技术创新奖，其中的 Print Control Wizard 在 2019 年获得技术创新奖），事实证明，这个决定是正确的，Hub 标签公司的柔印印刷质量现在与胶印或数字印刷几乎没有区别了。

三、采用最新曝光技术，升级采用最新无溶剂制版系统

过去 Hub 标签公司一直是标签印刷行业的开拓者，其率先采用四色印刷、柔版计算机直接制版技术、数字印刷、伺服驱动的印刷机、无底纸标签印刷以及其他多种技术（见图2）。从单一工厂规模看，Hub 标签公司已成长为美国较大的标签公司之一。总裁托马斯说："我们一直在争论柔版印刷质量是与印前还是印刷技术更相关。我们现在发现它介于两者之间。我们一直在进行这方面的持续投资，最新的曝光技术和制版技术可以帮助我们从投资中获利。"

图2 Hub 标签公司服务于无底纸标签、压敏标签和直邮产品三个细分市场

Hub 标签公司柔版供应商麦安迪（麦安迪公司不生产柔版，在北美是杜邦公司的主要代理商）的印前专家吉姆·舒尔茨解释说："柔印制版是印前和印刷之间的联系，您可以拥有世界上最好的印前技术和印刷设备，但是如果没有高质量柔版曝光和洗版机，那么您的柔印质量将永远无法与胶印相提并论。"

（一）无溶剂制版技术，满足环保要求，提升制版质量

Hub 标签公司采用了多年无溶剂制版技术，无溶剂系统不使用任何有机溶剂，省去了漫长的烘干过程，为 Hub 标签公司带来了巨大效益。而在本次升级过程中，也升级到最新无溶剂制版系统杜邦 2000TD（见图3），最新的无溶剂制版机安装了废气处理装置，完全满足目前世界所有国家的排放要求，让无溶剂系统的环保特性更为突出，同时最新的无溶剂制版设备也大幅度地提升了制版质量，在精细网点、线条的表现上都有质的飞跃，完全达到甚至超越溶剂制版的品质。

公司财务总监查德·奥米克非常支持本次的技术升级，他表示，最早的无溶剂制版设备需要比较多的日常维护，特别是使用的压敏滚筒需要经常清洁，甚至是更换，而新的 2000TD 制版机不再使用压敏滚筒了，同时维护时间大大减少。至于 XPS 曝光机，由于使用了 LED 曝光技术，能量输出稳定，制版重复性好，他认为这套系统至少可以用上 10 年。

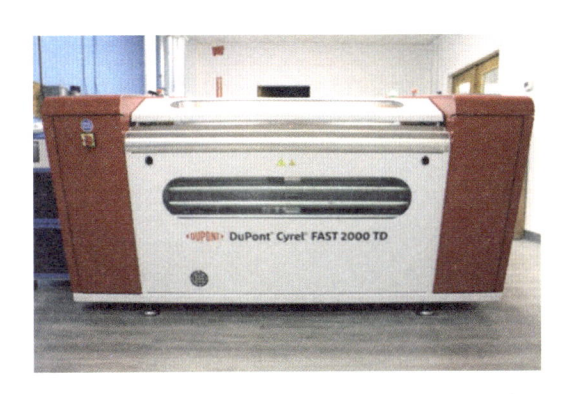

图 3　Hub 标签公司使用的无溶剂热敏制版机

（二）持续改进，印前工作流程数字化、自动化

Hub 标签公司服务于三个主要市场：无底纸标签、压敏标签和直邮业务。托马斯透露："我们注意到，在这三个细分市场中，都有提高质量和缩短周转时间的需求。当然，具体说来有时这些要求是截然相反的，因此通过持续压迫员工来实现这些目标是有些困难的，我们需要更加聪明地工作。"虽然这三类产品最终用途和功能非常不同，但就色彩质量而言，技术差异很小。质量控制总监杰西·胡德表示，最大的不同在于承印材料的不同。关键是在印前阶段进行调整，以补偿由承印物和印刷条件造成的色差。

在 20 世纪 90 年代中期，Hub 标签公司开始把印前工作转向数字化，并且是较早安装 CDI（杜邦赛丽柔版直接制版机）的标签公司之一。为了提高效率，目前印前部门的主力工具是自动化工作流程。印前经理特里·肯特说："就像大多数标签印刷厂一样，我们过去也是用 Adobe Illustrator 手动完成所有印前操作。我们一直在进行持续改进，把尽可能多的工作转到自动化流程上来。"（见图 4）

图 4　制版操作和印刷质量检查

自动化流程可以参与的工作包括拼版、补漏白、加网和打印合同样张。胡德是质量管理专业的学生，并且是一个热衷于色彩和质量控制工具的人。他说："实际上，水晶网和 XPS 曝光技术具有很好的可预测性，因此几乎可以完美地实现数字打样和印刷的匹配。以至于很多人都认为我们使用了新的打样技术。"他表示，没有合作伙伴的支持，Hub 标签公司无法独自做到这些。在安装了硬件和软件之后，艾司科协助使用印刷控制向导（PCW）进行了加网优化测试，做了印刷机印刷特性（Finger print）（见图 5）测试以匹配 G7，并生成了印刷机的特性文件（见图 6）以便进行数字打样与印刷机的匹配。技术人员还得到了麦安迪的技术支持，后者在使用杜邦的热敏版方面拥有丰富的经验。

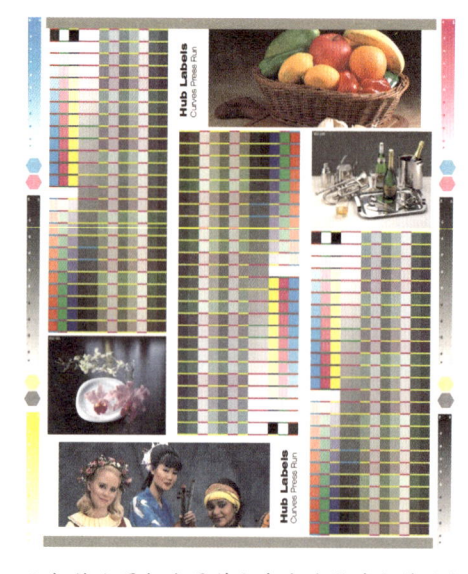

图 5　Hub 标签公司与艾司科和麦安迪携手合作的印刷测试

图6　单色印刷测试优化制版参数，创建印刷补偿曲线

（三）技术与硬件同时升级带来印刷质量的显著提升

托马斯收集了许多详细的信息，以便对从供暖、空调到调油墨的一切事情做出决策。"我们与供应商紧密合作，如果遇到问题，我知道他们会及时出现。"他还举例说明了公司网站上的可持续发展声明，"我们从很久以前就开始使用热敏无溶剂印版。最初是由于生产周期的限制，我们才选择了杜邦的热敏制版系统。但是，现在看来好处远远不止于此。过去人们认为，溶剂版的质量要优于热敏版。我们相信，随着技术的进步，特别是配合本次升级的新技术，我们看到，热敏版完全可以和任何溶剂版一样甚至更好"。

在本次的硬件升级过程中，Hub 标签公司也同时开始使用最新的无溶剂平顶网点印版，配合最新的加网技术，Hub 标签公司马上就注意到了质量的巨大提升，印刷的实地密度有了明显的升高，细小网点更为稳定，重复性也更好，渐变也更为平滑，调机时间也大大缩短，这些改善在升级之前就有所了解，但是如此巨大的提升还是有些意外。

（四）印刷控制向导可生成测试文件、印刷补偿曲线和新的网点

本次升级中的印刷控制向导（PCW）也是一个亮点。第一，它可以生成测试文件，在印刷机上印刷出这些测试文件后，它可以分析最佳的加网参数。第二，它可以生成要在 RIP 中使用的印刷补偿曲线。第三，它可以生成新的网点，而且是针对当前印刷条件进行了优化后的网点。网点包含渐变调频和高光调频网点。整个网点在大部分阶调范围内是调幅网，但在高光区域会过渡到调频网。

在 Hub 标签公司的优化测试中，印刷控制向导（PCW）选择了一个 175 lpi 的网点，该网点的高光部分是 19 个像素的调频点（在 4000 dpi 时约为 25 μm）。生产经理约翰·鲍德菲尔德说："PCW 还曾建议使用更小的调频网点，像 12 像素和 16 像素的网点，但我们认为没有理由把最小点设置成小于 19 个像素。"对于调频网点，当高光小于 19 个像素时，在使用某些传统曝光机时，高光网点会不够稳定，但在 Hub 标签公司，它们的印刷效果看起来非常光滑平顺。

鲍德菲尔德继续说道："对于高光的印刷，我们倾向于印刷时使用不会产生颗粒感的最大调频网点。我们可以选择一个 12 像素调频点，甚至可以提高到 200 lpi，但是作为生产经理，我要确保大生产时的稳定性。如果 19 像素的高光点和 12 个像素的高光点相比，没有更明显的颗粒感，那么我将使用更大、更稳定的网点。"

（五）通过 LED 印版曝光达到更稳定的输出，更低的能耗

LED 印版曝光与传统柔版曝光机的不同之处在于，它使用固态 UV-LED 代替 UV 汞蒸气荧光灯管来曝光柔性版印刷版，可达到更稳定的输出，更均匀的照度，印版表面温度更低，更长的寿命和更低的能耗。Hub 标签公司的 Crystal XPS 4835 曝光机和其新的 Crystal CDI 4835 雕刻机直接相连。制版员科克艾·克柏林反映："CDI 自动装版并自动卸版，我只要将印版挪到 XPS 曝光上并按下启动按钮即可，这个操作真是简单。"XPS Crystal LED 曝光机已被美国最大的印前公司以及许多宽幅软包装印刷厂所采用，但它在窄幅标签柔印中使用相对较少。

鲍德菲尔德和印刷机长杰森·特伦顿对新技术在印刷机上的表现感到非常兴奋。鲍德菲尔德说："随着一系列的印刷测试，我们看到了明显的质量提升。对于测试过程中的印刷和制版曲线，可以使用胶印的分色文件，印刷效果真是太漂亮了。特别是各种精细的网点和渐变到零的图像，根本不需要进行柔印分色的再处理，它们印刷精美，看上去就像高端胶印一样。"特伦顿补充说："与升级前相比，这些印版的上墨速度更快，印刷更干净，我们的印刷机操作员注意到了这些差异。"

四、发展战略

托马斯阐述了 Hub 标签公司的核心业务战略："技术进步是无止境的，如果新技术使用不恰当，还可能带来负面效应，不但影响客户的服务体验，对自身团队的建设也是有害的。因此，很重要的一点是要投资我们完全理解的技术，利用新技术来提升整个生产工艺和质量。所有投资决策都是商业决策。高端标签印刷已成为技术驱动型业务，标签企业需要投资才能保持领先地位，做出正确的选择对于企业的成功至关重要。"